Por que repetimos os mesmos erros

Transmissão da Psicanálise
diretor: Marco Antonio Coutinho Jorge

J.-D. Nasio

Por que repetimos os mesmos erros

Tradução
André Telles

2ª *edição revista*
10ª *reimpressão*

Copyright © 2012 by J.-D. Nasio

Tradução autorizada da primeira edição francesa,
publicada em 2012 por Éditions Payot & Rivages, de Paris, França

*Grafia atualizada segundo o Acordo Ortográfico da Língua Portuguesa
de 1990, que entrou em vigor no Brasil em 2009.*

Título original
L'Inconscient, c'est la répétition!

Capa
Sérgio Campante

Preparação
Kathia Ferreira

Revisão
Vania Santiago
Frederico Hartje

CIP-Brasil. Catalogação na publicação
Sindicato Nacional dos Editores de Livros, RJ

	Nasio, Juan-David, 1942-
N211p	Por que repetimos os mesmos erros / J.-D. Nasio; tradução André
2.ed.	Telles. – 2ª ed. rev. – Rio de Janeiro: Zahar, 2014.
	il. (Transmissão da psicanálise)

       Tradução de: L'Inconscient, c'est la répétition!
       Inclui bibliografia
       ISBN 978-85-378-1334-8

       1. Neurociência. 2. Cérebro. I. Título. II. Série.

                                   CDD: 612.82

14-14793   CDU: 612.82

Todos os direitos desta edição reservados à
EDITORA SCHWARCZ S.A.
Praça Floriano, 19, sala 3001 — Cinelândia
20031-050 — Rio de Janeiro — RJ
Telefone: (21) 3993-7510
www.companhiadasletras.com.br
www.blogdacompanhia.com.br
facebook.com/editorazahar
instagram.com/editorazahar
twitter.com/editorazahar

Justas ou injustas, as coisas acontecidas jamais serão
destruídas. Nem o tempo, pai universal, seria capaz de
impedi-las de terem sido e de renascerem.

Píndaro
Tebas 438 a.C.

Sumário

Um instantâneo clínico em que vemos o psicanalista escutar
o paciente tendo em mente o conceito de repetição · · · · · · · · · · · · 11

A dupla empatia, exclusividade do psicanalista · · · · · · · · · · · · · · · 17

Definição geral da repetição · 23

Os efeitos benéficos da repetição sadia: autopreservação,
autodesenvolvimento e formação da identidade · · · · · · · · · · · · · · 29

Os três retornos de nosso passado: em nossa consciência,
em nossos atos sadios e em nossos atos patológicos · · · · · · · · · · · 37

A repetição patológica é o retorno compulsivo de um
passado traumático que explode no presente
de um sintoma ou de uma ação impulsiva · · · · · · · · · · · · · · · · · · · 45

Gênese do gozo compulsivo

Um exemplo clínico de gozo compulsivo: o pênis-mão

Duas modalidades da repetição patológica: a repetição
temporal e a repetição tópica (Figuras 1 e 2) · · · · · · · · · · · · · · · · 61

A pulsão é a força compulsiva do gozo · 71

A teoria lacaniana da repetição: o inconsciente é
estruturado como um automatismo de repetição · · · · · · · · · · · · · 79

A repetição segundo Lacan (Figura 3) · 87

Um exemplo de repetição patológica: Bernardo ou
a necessidade incoercível e repetitiva de ser humilhado · · · · · · · · 89

Tratamento psicanalítico da repetição patológica
por meio da revivescência ······························ 97

Quadro recapitulativo (Figura 4) 103
A repetição sadia
A repetição patológica
A revivecência terapêutica

Excertos das obras de Freud e Lacan sobre a repetição,
precedidos de nossos comentários 105

Seleção bibliográfica sobre a repetição,
seguida de nossos comentários 127

Neste livro, eu gostaria de mostrar como a minha experiência de psicanalista me levou a concluir que o inconsciente é a repetição. Normalmente, dizemos que o inconsciente se manifesta através de lapsos, atos falhos ou sonhos. Embora isso seja verdade, o inconsciente é muito mais vital e íntimo. O que é o inconsciente? Sem negar que o inconsciente é uma estrutura organizada como uma linguagem, prefiro considerá-lo aqui uma pulsão, uma força propulsora. O inconsciente é a força soberana que nos impele a escolher a mulher ou o homem com quem compartilhamos nossas vidas. Ao contrário da opinião geral, a escolha de nosso parceiro é menos o resultado de uma decisão raciocinada do que a cristalização de um comprometimento amoroso cuja causa ignoramos. Mas o inconsciente é igualmente a força que nos leva a escolher a profissão que exercemos e que nos confere uma identidade social; ou mesmo a força que nos leva a escolher a cidade ou a casa onde moramos. Não obstante, todas essas escolhas, que julgamos deliberadas ou fortuitas, impõem-se a nós sem que saibamos efetivamente por quê. Contudo, para além dessa constatação, a experiência clínica me ensinou que existe outro poder do inconsciente, mais irresistível e misterioso ainda, ao qual eu gostaria de dedicar este livro: é seu **poder de nos compelir a repetir**. Nossa vida pulsa no ritmo da repetição que o inconsciente estimula. Acima de tudo, o inconsciente é a força que nos leva a reproduzir **ativamente**, desde a mais tenra infância, o mesmo tipo de afeição amorosa e o mesmo tipo de separação dolorosa que escalonam inevitavelmente nossa vida afetiva – e então a repetição é uma repetição sadia e o inconsciente, uma pulsão de vida. Em contrapartida, o inconsciente é igualmente a força que nos leva a reproduzir **compulsivamente** os mesmos fracassos, os mesmos traumas e os mesmos comportamentos doentios – e então a repetição é uma repetição patológica e o inconsciente, uma pulsão de morte. Mas seja o inconsciente uma pulsão de vida ou de morte, seja a causa de nossas condutas repetitivas saudáveis ou patológicas, a única coisa certa é que é ele, o inconsciente, que rege a aparição e a reaparição dos acontecimentos marcantes que constroem nossa existência.

*

Ora, o que é a repetição? Eu gostaria de introduzir o conceito de repetição mostrando-o em ação num instantâneo clínico, no qual vocês verão o quanto a repetição está presente na gênese do sofrimento daquele ou daquela que se queixa, e igualmente presente na mente do terapeuta quando ele quer compreender a significação das manifestações de seu paciente. Somente após esse exemplo clínico proporei minha definição geral da repetição e distinguirei duas de suas categorias psicanalíticas: a repetição sadia e a repetição patológica, sobre a qual me deterei com mais vagar.

Um instantâneo clínico em que vemos o psicanalista escutar o paciente tendo em mente o conceito de repetição

Um tempo atrás recebo pela primeira vez uma jovem advogada chamada Raquel. Raquel vive sozinha e sofre periodicamente de inexplicáveis acessos de um sofrimento inconsolável. Não sabe o que a deixa triste. Pouco a pouco, ao longo da entrevista, ela se detém sobre suas crises de lágrimas imotivadas, sua impotência em superá-las e seu medo de ver seu mal-estar instalar-se definitivamente. Enquanto Raquel fala, tenho duas ideias na cabeça. Neste ponto, devo dizer que, no momento em que um analista escuta seu paciente, ele precisa ter ideias na cabeça. Não concordo com a afirmação segundo a qual o analista deve escutar seus pacientes desprovido de qualquer ideia *a priori*. Não! É desejável que, durante a entrevista, o terapeuta se desdobre mentalmente: enquanto escuta o que o paciente diz, ele pondera interrogações, hipóteses e suposições, em suma, um conjunto de preconcepções úteis oriundas de sua formação e sua prática, preconcepções que eu qualifico como "fecundas". Tudo que emana do paciente, sua presença verbal e não verbal, passa pelo filtro do saber teórico e da intuição do terapeuta, crivo necessário para já deduzir as grandes linhas da problemática clínica daquele que o consulta. Logo, escutando Raquel, tenho duas ideias na cabeça relativas à repetição. Em primeiro lugar, conhecer o momento e o contexto nos quais surgiu a primeira crise na idade adulta e, mais que isso, a **manifestação inaugural** de tristeza mais remota em sua infância. Há sempre uma primeira vez em que o sintoma aparece, e essa aparição inicial é decisiva para compreender a causa do sofrimento. Tudo se joga no primeiro minuto porque é então que o impacto de um sintoma é mais intrusivo e indelével. Como se a eclosão do sintoma fosse mais reveladora de sua causa do que suas reincidências posteriores. Ora, a detecção da primeira irrupção do distúrbio é frequentemente desprezada pelo terapeuta, ao passo que tal informação lhe é indispensável para compreender a causa da doença. Por exemplo, jamais compreenderemos uma neurose de adulto se não localizarmos a neurose infantil de que ela é a repetição. Toda neurose de adulto repete uma neurose infantil. Deveria, portanto, ser uma praxe no psicanalista, por ocasião das entrevistas preliminares, procurar a primeira aparição do distúrbio. Só então o terapeuta poderá estabelecer a série repetitiva que se estende da primeira ocorrência do distúrbio até a mais recente. Tendo conseguido reconstituir o fio das sucessivas aparições sintomáticas, ele poderá em seguida dar uma significação ao distúrbio. Nesse sentido, lembremos um dos princípios mais importantes da psicanálise: **o distúrbio que não tem significação na cabeça do paciente sempre retorna em seus atos**; e, inversamente, **o distúrbio que encontrou sua significação para de retornar**. Mas o que significa para o terapeuta dar um significado ao distúrbio? A significação de um distúrbio não passa da resposta à pergunta: por que esse distúrbio é necessário? Qual foi o encadeamento dos eventos psíquicos que o tornou necessário? De que problema ele é a solução? Eu deveria acrescentar, a solução *errada*. Se o psicanalista consegue responder a tais questões, já terá dado um passo importante em sua procura da causa da doença e, mais que isso, um passo na direção da cura do paciente.

Dito isso, retomemos o fio. Minha primeira ideia, na presença de Raquel, é saber quando sua tristeza surgiu pela primeira vez e quando retornou posteriormente. Se eu estabelecer essa configuração repetitiva do sintoma, poderei vislumbrar a significação do mencionado sintoma, detectar a origem da doença, presumir o tipo clínico ao qual pertence minha paciente e, por fim, decidir em que direção orientar seu tratamento. Quanto à importância que atribuo ao sintoma, acrescento que posso trabalhar com um paciente durante meses e meses me interessando mais pela história de seu sintoma do que por sua história familiar. A verdade de um sujeito, quer dizer, o que o define intimamente, é mais o seu sintoma recorrente do que o seu romance familiar. Há mais inconsciente num sintoma do que na recordação de um episódio familiar marcante. O que pretendo dizer com isso? Que o sintoma é a verdade do sujeito, a manifestação involuntária que o individualiza e significa tal como ele é no mais fundo de si mesmo.

Mas voltemos a Raquel. A outra ideia presente em minha escuta é conhecer os menores detalhes, **todos os detalhes** de suas crises de tristeza: "Em que ocasião? Em que momento do dia? No trabalho ou em casa? E se for em casa, em qual cômodo? Estando sozinha, na presença de alguém ou pensando em alguém? Em que atitude corporal ela se encontra quando se sente triste?", e muitas outras particularidades aparentemente insignificantes cujo conhecimento permitirá, como diz Freud, "observar o inconsciente" da paciente. Estou convencido de que esses pequenos indícios terminarão por me revelar o inconsciente de Raquel. De que maneira? O conhecimento dos detalhes da cena do sintoma me permitirá projetar-me mentalmente, imaginariamente, no mundo interior de Raquel quando ela se sente invadida pela tristeza. É muito importante que eu me faça entender sobre o que significa "projetar-me mentalmente". O conhecimento dos detalhes da cena do sintoma é menos para me informar do que para me impregnar da maneira como a paciente vive física e emocionalmente seu sofrimento. É então que, imerso na cena do sintoma, poderei me colocar em seu lugar, sentir o que ela sente e pensar com seu pensamento. Entretanto, eu gostaria de ir mais longe. Eu gostaria de me identificar não só com a pessoa real e atual de Raquel triste, mas, mais que isso, me identificar, se possível, com outra Raquel, uma Raquel virtual, imaginária, fantasística, uma Raquel menininha ou mesmo bebê, recriada em minha mente de analista como sendo uma criança abandonada e desamparada. Em outros termos, tento primeiramente sentir o que Raquel sente **conscientemente**, verificando se é possível – seja nas entrevistas preliminares, seja, mais tarde, no tratamento – sentir igualmente a suposta emoção que sentiria a pequena Raquel fantasística que eu forjo e de que Raquel adulta não tem consciência. Formulemos de outra maneira. Raquel adulta teria sentido, criança, uma emoção hoje inconsciente que eu, analista, gostaria de experimentar.

A DUPLA EMPATIA, EXCLUSIVIDADE DO PSICANALISTA

Sentindo o que sente o paciente quando sofre, o psicanalista é irmão em emoção, a princípio irmão em emoção consciente e, em seguida, irmão em emoção inconsciente.

J.-D.N.

Em suma, concentrando-me nos detalhes do sintoma – minha segunda ideia –, identifico-me com Raquel adulta prostrada pela tristeza e, em seguida, com uma hipotética Raquel criança ou bebê, vítima de um trauma de abandono. Digo "hipotética" porque não sei o que a pequena Raquel viveu realmente. Ninguém sabe, sequer nossa Raquel de hoje, embora ela carregue no mais recôndito de seu ser a dor muda do abandono. Eu simplesmente imaginei uma pequena Raquel desamparada e tentei sentir o que essa criatura imaginária teria sentido.

Essa tentativa de sentir em mim o vivido consciente da paciente quando ela está às voltas com seu sintoma – **primeira empatia** – e, em seguida, seu vivido inconsciente – **segunda empatia** –, essa tentativa implica uma mudança de patamar: do rés do chão, nível do sintoma, desço para o subsolo, nível do inconsciente, onde se desenrola uma cena teatral que chamo de fantasia inconsciente. Como se eu descesse da cena do sintoma em que Raquel adulta sabe o que experimenta, para a cena da fantasia inconsciente, em que Raquel criancinha sente uma emoção que Raquel adulta ignora. Da minha percepção da tristeza de Raquel quando ela sofre de seu sintoma, passo à percepção da emoção de que Raquel não é consciente e que, no entanto, domina sua fantasia. Uma fantasia – insisto – que a paciente não representa, dominada por uma emoção que ela não reconhece.

Voltaremos adiante à noção de fantasia inconsciente. Digamos por ora que uma fantasia é uma cena difusa, de contornos embaralhados, imprecisos, que fica gravada no inconsciente da criança no momento de um trauma; essa cena é infalivelmente o suporte oculto do sintoma. Por trás de um sintoma esconde-se sempre uma fantasia. Eis uma definição provisória da fantasia: **a fantasia é a recordação inconsciente, o vestígio deixado no inconsciente, por um psicotrauma infantil**. Contudo, a fantasia não é uma memória passiva, é uma ferida aberta e sangrenta, que não cicatriza e lateja anos a fio – desde a infância até a idade adulta – como um foco infeccioso que contamina todo o ser. Portanto, considero a fantasia a causa inconsciente da depressão atual de Raquel. Ora, é justamente essa fantasia que me vem à mente. Eu gostaria de ser claro: percebo em mim, analista, a fantasia inconsciente de meu paciente.

Dito isso, quando falamos de sintoma consciente e fantasia inconsciente, onde situamos a repetição? Pois bem, a repetição encontra-se no nível da emoção. A emoção vivida conscientemente pela paciente quando sofre de seu sintoma **repete** a emoção dominante da fantasia de que a paciente não tem consciência. **A emoção atual consciente repete uma emoção infantil inconsciente.** No caso de Raquel, intuí prontamente a emoção infantil inconsciente quando, durante as entrevistas preliminares, a analisanda me contou que, nascida prematuramente, teve de permanecer numa incubadora durante um longo mês, sem que sua mãe, doente e acamada, pudesse visitá-la, tocá-la e tomá-la nos braços. Pensando nessa separação dilacerante, compreendi que a inexplicável tristeza da mulher de hoje era, na verdade, a repetição patológica da angústia do bebê de ontem. Assim, essa arcaica angústia de abandono, não sentida conscientemente pela Raquel de hoje nem tampouco pela Raquel bebê – pois demasiado vio-

A dupla empatia, exclusividade do psicanalista

lenta para ser registrada por sua pequena consciência imatura –, é precisamente essa angústia primordial, inconsciente, que eu, analista, tento sentir. Assim, consigo explicar a dor de hoje como o retorno do dilaceramento de ontem e sugerir à paciente uma significação de seu sintoma esperando aliviá-la.

Mais uma palavrinha para fechar esse parêntese sobre o trabalho mental do psicanalista e mostrar como o engendramento das duas empatias diferencia a psicanálise das outras técnicas psicoterapêuticas. A psicanálise não se define pela existência de um divã no qual o paciente se deita e de uma poltrona onde se instala aquele que o escuta. De forma alguma. A psicanálise não se define pela disposição dos móveis, tampouco pelo enunciado inaugural da regra fundamental da associação livre. A psicanálise se define pela intensidade da relação inconsciente entre o terapeuta e o analisando. Tal relação depende precisamente da aptidão do terapeuta a perceber em seu inconsciente a fantasia inconsciente do paciente e, assim, a operar uma dupla empatia: uma empatia superficial com o paciente consciente e outra, profunda, com o paciente inconsciente. Naturalmente, essa experiência perceptiva do psicanalista não se dá a todo momento, nem com todos os pacientes, nem em todas as sessões. Não, são momentos privilegiados, relativamente pouco frequentes e, sobretudo, **terapêuticos**, pois se essa experiência perceptiva se produzir e reproduzir, o estado do paciente poderá melhorar.

*

Resumindo, a primeira ideia que guiou minha escuta de Raquel* é uma ideia **clínica**: ela diz respeito à repetição do sintoma no

---

* Hoje, após três anos de tratamento, Raquel terminou sua análise. Seus sintomas se atenuaram sensivelmente depois que ela trabalhou e reviveu, por diversas vezes e em sessão, seu trauma infantil de abandono, a cruel solidão de um recém-nascido prematuro.

tempo, o número de vezes em que ele se manifestou desde sua primeira incidência, o número de crises sofridas por Raquel. É o que chamo de **repetição temporal do sintoma**. Enquanto minha segunda ideia, relativa à busca dos detalhes da cena do sintoma graças aos quais me identifico com a emoção consciente, depois inconsciente, da paciente, é uma ideia **metapsicológica**. Ela visa à **repetição espacial ou tópica da fantasia**: a emoção consciente do sintoma repete a emoção inconsciente da fantasia; a tristeza de Raquel adulta repete a angústia de Raquel bebê. Da mesma forma a repetição espacial se opera no seio do espaço psíquico: um elemento pertencente ao espaço do consciente – o sintoma – repete um elemento pertencente ao espaço do inconsciente – a fantasia. Temos então de um lado a **repetição temporal do sintoma**, que também podemos qualificar de repetição **horizontal**, porque as sucessivas ocorrências estendem-se na linha do tempo; do tempo concebido como uma sucessão. E, por outro lado, a **repetição espacial ou tópica da fantasia**, que podemos qualificar igualmente de repetição vertical, porque duas ocorrências se superpõem, uma em profundidade, a fantasia, e a outra na superfície, o sintoma. O sintoma consciente repete perpendicularmente a fantasia inconsciente. Mais tarde, voltaremos às **repetições temporal e espacial**, ilustrando-as com a ajuda de dois esquemas (*Figura* 1, p.67, e *Figura* 2, p.68).

Para concluir, do ponto de vista da repetição, o olhar do psicanalista é duplo. Por um lado, olha para trás, para o passado, para nele encontrar as referências de uma história, da história do distúrbio que afeta o paciente. E, por outro, olha para frente, à procura de todos os sinais que emanam da pessoa que fala com ele, para recriar, no teatro de seu imaginário, a cena do sintoma e, se possível, a cena da fantasia. No primeiro caso, o psicanalista é um **clínico** que detecta e enumera; no outro, é um **metapsicólogo** que supõe, deduz, imagina e sente.

Definição geral da repetição

Volta e meia tenho um sonho estranho e ardente
Com uma mulher desconhecida, a quem amo e que me ama,
E ela nunca é nem completamente a mesma
Nem completamente outra, e me ama e compreende.

PAUL VERLAINE

Mas deixemos por um instante o consultório do psicanalista e consideremos agora a repetição na acepção ampla do termo. O que é a repetição? A repetição designa um movimento universal, uma pulsação que rege a ordem biológica, psíquica, social e, até mesmo, cósmica. Há milhares e milhares de anos a Terra repete invariavelmente a mesma órbita elíptica ao redor do sol. Analogamente, a história da humanidade repete constantemente os mesmos conflitos e as mesmas soluções precárias. E, mais próximo de nós, nosso corpo repete incansavelmente, desde o nascimento até a morte, os mesmos gestos vitais: respirar, comer, evacuar, dormir etc. Nosso corpo repete e, graças à repetição, consolida-se como corpo. Da mesma forma nosso psiquismo experimenta, ao longo de toda a vida, os mesmos sentimentos, pensamentos e atos, nos quais me deterei adiante. Mas permitam-me primeiro sugerir uma definição geral da repetição. Proponho a seguinte fórmula: a repetição é uma série de pelo menos duas ocorrências em que um objeto **aparece** – *primeira ocorrência* –, desaparece e **reaparece** – *segunda ocorrência* –, a cada vez ligeiramente diferente, embora reconhecível como sendo sempre o mesmo objeto. Seguramente, a repetição é repetição do Mesmo, da mesma coisa que reaparece, mas – atenção! – jamais idêntica a si mesma, sempre um pouco modificada a cada vez que ressurge. Cada vez que a Terra gira ao redor do sol, produz-se uma mudança infinitesimal. A Terra é, a cada órbita, sempre a mesma, porém nunca absolutamente idêntica, uma vez que o desgaste do tempo a impede de se manter intacta. Isso é muito importante. Eu mesmo, quando comecei a trabalhar o tema da repetição, não havia compreendido a expressão "repetição do Mesmo". Faz dez anos que aprofundo esse conceito e, não obstante, sempre aprendo uma coisa nova. Por exemplo, a frase "A repetição é repetição do mesmo objeto que nunca reaparece idêntico a si mesmo, embora reconhecível como sendo sempre o mesmo objeto." Pois bem, escrever essa simples frase me custou anos! Por quê? Porque eu não compreendia que a repetição é sempre repetição de uma coisa que nunca se verifica como **idêntica** a si mesma.

Eis a primeira das três leis que presidem a todo processo repetitivo: **a lei do Mesmo e do Diferente**. O Mesmo nunca se repete idêntico a si mesmo; decerto ele será sempre reconhecível, mas sob aspectos diferentes. Em suma, a repetição é o trajeto de um objeto identificável por um observador que o veria aparecer, desaparecer e reaparecer, a cada vez ligeiramente diferente, em momentos e contextos variáveis.

Entretanto, para afirmar que uma coisa se repete no tempo, não basta observar que ela permanece a mesma, embora modificada, ainda é preciso constatar que ela se ausenta entre duas presenças. Constatação que justifica a segunda lei, a lei da **alternância da Presença e da Ausência**.

Acrescentemos agora a terceira lei, essencial ao movimento repetitivo, é **a intervenção de um observador que enumera a repetição**. Esta é uma evidência muitas vezes esquecida: sem observador, não existe repetição! Por quê? Porque a repetição é na realidade o resultado de um procedimento mentalizado. Não

Definição geral da repetição 27

existe repetição sem você, sem sua cabeça calculadora, sem o recenseador consciente que você é. Para que haja repetição, é preciso um agente humano, é preciso antes uma consciência que identifique um acontecimento, o extraia do fluxo incessante da vida e conte o número de vezes em que ele sobe à superfície. Em outras palavras, nosso pensamento **isola** um fato relevante, o **nomeia** e **conta o número de vezes** que ele se reproduz. É dessa forma que transformamos um simples fato em **significante**, termo central na obra de Lacan. O que é um significante? Um significante é todo acontecimento, toda criatura ou toda coisa que eu formulo como uma entidade suscetível de ser contabilizada. Embora correta, minha definição ainda é muito genérica. Psicanaliticamente falando, eu deveria escrever: "Um significante é toda manifestação involuntária de um sujeito, suscetível de ser contabilizada pelo próprio sujeito ou por outrem." Quando, por exemplo, recenseio as crises sucessivas de Raquel, **transformo-as em significantes**. Cada crise representa o inconsciente de Raquel no seio da constelação das crises passadas e futuras. Nas palavras de Lacan: "Um significante representa o sujeito para outros significantes." Parafraseando-o, eu diria: uma crise representa o inconsciente de Raquel para as outras crises passadas e futuras. Teríamos de retomar aqui muitas outras considerações sobre a noção lacaniana de significante, porém a mais importante para o nosso propósito é lembrar que um significante constitui um elo numa série repetitiva de significantes semelhantes. A característica de um significante é ser um entre outros significantes que se lhe assemelham. Não existe significante isolado e, mais que isso, não existe significante sem repetição.

Mais uma palavrinha com relação ao agente humano que enumera as ocorrências da repetição. Se é verdade que só existe repetição porque um recenseador lúcido contabiliza as sucessivas aparições, o próprio recenseador ignora a repetição que o atravessa. O que quero dizer com isso? Que temos duas posições perante a repetição: ou somos exteriores à série repetitiva que enumeramos – aqui, permanecemos conscientes; ou somos o joguete inocente de uma imperceptível repetição do mesmo acontecimento auspicioso ou infausto – aqui somos inconscientes.* Ou contamos e ficamos fora do que recenseamos, ou permanecemos cegos e somos arrastados pelo fluxo irresistível da repetição. Entretanto, Lacan vai mais longe. Não se limita a constatar que um sujeito pode ser atravessado por uma repetição que ele próprio ignora, mas que é constituído por ela, quer dizer, seu desejo, sua vida e seu destino são moldados pela repetição. Eis uma passagem eloquente dos *Escritos* (p.50), na qual Lacan, identificando a repetição à ordem simbólica, sugere que o homem é seu produto: "Sendo a repetição uma repetição simbólica, averigua-se que a ordem do símbolo já não pode ser concebida como constituída pelo homem, mas constituindo-o."

---

* Existe uma situação em que somos o ator, mas também o espectador de uma repetição que arrebata. É o caso da **revivescência**. Mais adiante, quando concluirmos nosso livro evocando o fenômeno da revivescência terapêutica, figura sublime da repetição, veremos que o analisando, no momento de reviver a emoção traumática, é simultaneamente **aquele que revive o trauma** e **aquele que se vê revivendo seu trauma**.

Os efeitos benéficos da repetição sadia: autopreservação, autodesenvolvimento e formação da identidade

Podemos estipular um objetivo para a repetição? Ou ela teria um objetivo predeterminado? Há um filósofo que nos permite responder claramente a essa pergunta. Na *Ética* (*Terceira parte*), Spinoza tenta reduzir toda a vida a uma única tendência fundamental, a tendência de todo ser a "perseverar no ser". Fico sempre fascinado diante dessa sentença tão poderosa, que, em três palavras, diz o que é a vida. Inúmeros filósofos e homens de ciência tentaram definir a vida. Alguns, por exemplo, afirmaram ser "o conjunto das funções que resistem à morte"; outros, "o que podemos abolir"; e outros ainda, "o que se desgasta e produz dejetos". Trata-se de definições que, sem exceção, apontam no fim a natureza perecível da vida. Spinoza, por sua vez, adota posição oposta. Ele enfatiza sobretudo a força expansiva da vida, o impulso que se preserva sem enfraquecer e triunfa sobre todos os obstáculos. Conforme afirma: "A vida é a força que faz perseverar as coisas em seu ser." Todo ser, exclusivamente pelo fato de existir, tende a continuar a existir e se esforçará por todos os meios possíveis para perseverar no seu ser. Ao escrever este livro, o que faço senão perseverar no meu ser? Nossa existência é um plebiscito, a cada instante, de nosso desejo de viver. Todo dia, ao nos levantarmos e nos dedicarmos a nossos afazeres, implicitamente, dizemos sim à vida. Entretanto, ignoro até quando renovarei minha afirmação cotidiana de viver. Meu corpo é que decidirá isso, e, por trás dele, meu inconsciente. No momento, perante meus dois senhores – meu corpo e meu inconsciente –, recolho-me à minha insignificância e limito-me a perseverar no ser. Escrevo estas páginas hoje, escreverei outras amanhã e, enquanto meus senhores me ampararem, perseverarei no meu ser, prosseguirei minha marcha.

Mas o que significa perseverar no seu ser senão repetir-se, e, ao repetir-se, conservar sua unidade de indivíduo, desenvolver-se – isto é, existir o máximo possível – e consolidar sua identidade ao longo do tempo? Estou me repetindo e, ao me repetir, preservo meu passado porque, ao reencontrá-lo sempre, aproprio-me ainda mais dele; melhoro porque, a cada repetição, instruído pela experiência, aumento meus conhecimentos, aprendo a relativizar; e termino por consolidar minha identidade, uma vez que, de tanto repetir, confirmo que sou o mesmo ontem e hoje. Numa palavra, **Repito, logo sou**. Qual é, por conseguinte, a finalidade da repetição? Na realidade, a repetição não tem uma finalidade exterior a si própria que ela buscaria alcançar. Essencialmente, ela é uma tendência irredutível que não tem outro fim a não ser permanecer sempre uma força que avança e nos arrasta para nos tornarmos mais nós mesmos. A repetição tem a finalidade de produzir três efeitos importantes sobre nós: preservar nossa unidade de indivíduo, desenvolver ao máximo nossas potencialidades e consolidar o sentimento de que somos o mesmo ontem e hoje. Assim, a repetição produz um triplo efeito benéfico: a **autopreservação**, o **desenvolvimento pessoal** e a **consolidação de nossa identidade**. Repetir nos estrutura, tranquiliza e faz bem. Ao escrever esta última frase, imagino a objeção de um leitor que declarasse: "Mas tenho horror à rotina e só aspiro a uma coisa: mudar, poder mudar e me renovar! Adoro a novidade, enquanto a repetição me cansa." Eu responderia a esse leitor: "Claro, todos nós gostamos da surpresa, do frescor do novo, das sensações inéditas e dos nascimentos de todo tipo. Nada mais instigante! Todos gostamos de ficar impressionados e até desconcertados. Quantas vezes já não me aconteceu dirigir-me a tal paciente e observar: 'Neste momento, você precisa de uma surpresa, o tédio está minando-o!' É indiscutível que a ideia do novo nos excita, e, no entanto, peço que reflita um

Os efeitos benéficos da repetição sadia

instante na escolha entre o prazer do novo e o conforto do antigo. Evidentemente, essa é uma alternativa artificial que nunca teremos de enfrentar, de tal forma o antigo é sempre dissimulado sob a máscara do novo. Nada pode ser nem inteiramente novo nem inteiramente não novo. Na realidade, não existe novidade pura. Desafio-o a encontrar uma novidade desprovida de qualquer vestígio do antigo. E depois, na corrida entre o antigo e o novo, é em geral o antigo que termina por vencer. O que quero dizer? Que não adianta mudar e envelhecer em nosso foro íntimo, sentimos sempre o mesmo, seja qual for a idade. Essa mesmidade em nós é o coração atemporal de nosso ser. Eis o antigo triunfando para além das alterações do tempo. Sou essencialmente o mesmo aos seis meses, aos dois anos, aos quarenta e aos sessenta, apesar das inúmeras mudanças que me modificaram. Mudo, mas, ao me repetir, permaneço sempre o mesmo. De fato, essa certeza da mesmidade me tranquiliza e faz bem."

Escrevi acima *Repito, logo sou*, agora devo modificar a fórmula e expressar: "**Sou aquilo que repito.**" Não se trata de mero jogo de palavras, mas de uma maneira de complementar nossa compreensão do papel da repetição na consolidação de nossa identidade. Afirmei que, ao me repetir, eu consolidava minha sensação íntima de ser eu mesmo. Agora gostaria de lhes mostrar que minha identidade não só é uma sensação, é também uma entidade exterior a mim, um ser, uma coisa ou um ideal abstrato. Minha identidade está em mim e fora de mim. Explico. Imaginando, por exemplo, que eu seja uma mulher, eu diria: "Eu me dou conta de que o homem que amo hoje lembra curiosamente o homem que amei há vinte anos, e cada um desses homens tem qualquer coisa que lembra a mãe de meus seis anos." Acabo de escrever "a mãe", e não "o pai", como se poderia esperar. A experiência me ensinou que na escolha amorosa que uma mulher faz de um homem, a mãe é muito mais determinante que o pai. Isso contraria as ideias que nos incutiram, segundo as quais a escolha de uma mulher opera-se sempre no modelo do amor edipiano pelo pai. Isso é muitas vezes falso! Insisto. Na eleição de seu parceiro masculino, a mulher é levada a repetir o amor pré-edipiano pela mãe mais do que o amor edipiano pelo pai. Quando ela escolhe seu homem, encontramos geralmente a mãe como sendo a causa profunda de sua escolha e o pai, a causa superficial. A mulher escolhe seu companheiro, sobretudo, sob a influência da relação inconsciente, irracional, com a mãe e, secundariamente, sob a influência da relação mais superficial de sedução, com o pai. Eis por que, se por um lado o parceiro pode revestir-se desse ou daquele aspecto físico que reproduz o do pai, o essencial da ligação afetiva que une a mulher ao homem reproduz a ligação inconsciente à mãe. E, mesmo no caso de a mulher ter escolhido seu marido pautando-se no modelo do pai ou do irmão, ela deslocará para o marido, levada pela raiva durante uma cena de casal, por exemplo, os sentimentos de raiva que dirigia à mãe na idade do Édipo ou da adolescência. Eis uma proposição que submeto à leitora. Pense no homem que compartilha sua vida e pergunte-se se – no mais fundo de seu amor e de suas decepções – a relação que a une a ele não é paradoxalmente marcada pelo amor mais carnal e pelas censuras mais amargas que a ligavam pulsionalmente à sua mãe. Em suma, repete-se com o marido o laço apaixonado e conflituoso estabelecido com a mãe durante a infância ou a adolescência. Esclareço desde já que, ao empregar o vocábulo "mãe", não me refiro à pessoa real da mãe, e sim à ideia que dela forjamos. Sua mãe não é a pessoa real da mãe, mas a mãe que está em você. Se considerarmos o caso das irmãs gêmeas, por exemplo, ambas desenvolverão pontos de vista bem diferentes de sua mãe. Inevitavelmente, todos nós forjamos uma ideia da mãe ou do pai diferente do que eles são de fato; e é a projeção dessa imagem idealizada sobre um homem que decidirá, afinal, a escolha do parceiro. Quando escrevi no início deste livro que o inconsciente é uma força que nos leva a escolher o homem ou a mulher que compartilha nossa vida,

Os efeitos benéficos da repetição sadia

foi pensando justo no influente poder da fantasia que projetamos sobre o outro por ocasião das decisões cruciais de nossa existência.

Minha identidade, portanto, deve ser compreendida de duas maneiras distintas e complementares. Em primeiro lugar, é a sensação de ser eu mesmo que se consolida por ocasião de cada repetição. Contudo, minha identidade também se encontra fora de mim, no homem ou na mulher com quem compartilho a existência. É ele ou ela minha identidade e, por conseguinte, é nele ou nela que meu inconsciente se encarna. **Meu inconsciente acha-se igualmente fora de mim, no outro do qual dependo afetivamente**. Nesse ponto, devo fazer uma observação importante a respeito da identidade fora de si. Acabo de escrever que minha identidade encontra-se no homem ou na mulher que partilha minha vida, mas preciso ir adiante e fazê-los compreender que minha identidade não está apenas na pessoa global de meu cônjuge atual, mas num traço que o caracteriza. Ora, esse traço que singulariza o homem ou a mulher que amo foi também carregado por todos os seres que amei desde o meu nascimento. Amamos sem saber que o nosso amado de hoje tem um traço em comum com nosso amado de ontem, e que nossos parceiros sucessivos, a começar pelo pai e pela mãe, também tiveram esse traço comum. Realmente, quando temos um novo encontro amoroso, costumamos nos surpreender ao constatar que nosso eleito traz a marca da pessoa amada e desejada anteriormente. Essa marca, um sorriso singular, por exemplo, que persiste e se repete no primeiro, no segundo e em todos os outros parceiros sucessivos de uma história, essa marca, esse sorriso, é um traço, e esse traço, no fundo, não passa de nós mesmos. Sim, somos o traço comum a todos os objetos amados e perdidos ao longo de nossa vida. Por conseguinte, *amo-te não pelo que tu és, mas por essa parte de mim que carregas em ti*. Quem sou eu então? Sou esse sorriso que ilumina seu rosto. Minha identidade não se limita à sensação de eu ser eu mesmo; também se materializa nessa parte de mim que brilha no homem ou na mulher que compartilha minha vida. É nisso que reside minha identidade e, por conseguinte, é nisso que meu inconsciente se encarna.

Para fechar nossas considerações sobre identidade e repetição, não posso deixar de expor-lhes uma espantosa confidência de Descartes, na qual ele confirma nossa tese quanto à afeição inconsciente a um traço: amamos nosso amado não pelo que ele é, mas por ele ser portador de um traço que o torna desejável a nossos olhos. Agora escutemos o filósofo revelando seu segredo: "Quando eu era criança, gostava de uma garota da minha idade que era vesga. Quando eu via seus olhos esbugalhados, sentia fervilhar a paixão do amor. Mais tarde, durante muito tempo, vendo as pessoas vesgas, sentia-me mais inclinado a apreciá-las do que outras, só porque tinham esse defeito; e, contudo, não sabia ser esta a razão. Assim, quando somos impelidos a gostar de alguém, sem que saibamos a causa, sabemos que isso resulta do fato de **existir alguma coisa nele semelhante ao que existiu num outro objeto que amamos antes, ainda que não saibamos o que é**" (*Carta a Chanut de 6 de junho de 1647*). Quando descobri essa passagem, fiquei impressionado com a atualidade de um pensamento que nos precede em mais de três séculos!, mas também, inversamente, pela antiguidade de nossa reflexão psicanalítica de hoje. Como se o pensamento se desdobrasse e repetisse fora do tempo. Mas seja Descartes ou um psicanalista do século XXI que interrogue as engrenagens do amor, não esqueçamos que a natureza da emoção amorosa e a eleição de nosso parceiro permanecerão para sempre um mistério impenetrável.

Eu gostaria de terminar este capítulo com as duas fórmulas que definem a identidade produzida pela repetição: "*Repito, logo sou*" e "*Sou aquilo que repito*". No primeiro caso, a identidade é a sensação de ser eu mesmo, consolidada por todas as repetições que opero na vida; no segundo, a identidade é o ser, a coisa ou o ideal que, ao longo dos anos, se perpetua e se afirma como sendo uma parte de mim mesmo.

Os três retornos de nosso passado: em nossa consciência, em nossos atos sadios e em nossos atos patológicos

Acabamos de definir a repetição, determinar seus efeitos benéficos e, após nos havermos longamente detido na díade identidade e repetição, concluímos com uma dupla definição da identidade, enquanto sensação íntima de si e enquanto extensão do eu no mundo exterior. Agora gostaria de responder à questão de saber o que em nós se repete, qual o objeto da repetição. Afirmemos desde já que o que se repete em mim é o que já aconteceu: meu passado, um passado que volta sem cessar no presente, sob três formas. Com efeito, distinguimos três modos de reincidência do passado no presente: na **consciência**; nos **atos sadios**; e nos **atos patológicos**. O retorno do passado em nossa consciência e o retorno do passado em nossos atos sadios, nós os englobamos sob o qualificativo **repetição sadia**. Em contrapartida, reservamos a expressão **repetição patológica** para designar o retorno compulsivo de um passado traumático que explode em comportamentos irreprimíveis, repetitivos, liberadores de tensão, por vezes violentos e sempre doentios.

O primeiro retorno do passado, o mais comum, é aquele que chamamos de retorno consciente do passado. É o caso da recordação que reproduz uma experiência anterior. As recordações são quase sempre imagens visuais, mas podem ser também impressões sonoras, tácteis, olfativas, ou ainda gustativas, como a da célebre madeleine que reinstala Proust na doce recordação de sua infância. Esse retorno do passado à consciência é a **rememoração**. Mas antes de abordar outra grande forma de retorno do passado, o retorno nos atos sadios, eu gostaria de me interrogar sobre a qualidade do passado que encontramos sob forma de recordação. Será nosso passado real o que efetivamente vivemos? Decerto não. A memória é sempre inventiva e infiel. O passado que volta à consciência é apenas o reflexo remoto de uma realidade perdida para sempre, uma realidade que captamos inevitavelmente deformada através do filtro de nossa percepção atual. Esse é o motivo pelo qual a recordação de nosso passado é apenas o fruto de uma ilusória reconstrução. Quando pensamos, por exemplo, na casa de nossa infância, sempre a imaginamos imensa, mas, voltando lá, decepcionamo-nos com suas modestas dimensões. A casa que o garotinho deixou não é mais a mesma aos olhos do homem maduro que ele se tornou. Assim, o presente opera como uma lente deformadora do passado. Portanto, toda recordação é, necessariamente, o resultado da reinterpretação subjetiva de uma realidade antiga, e nunca sua evocação fiel. Não existe passado senão remodelado e recriado à luz de nossa percepção presente. É por isso que diremos que a recordação não é o passado, mas um ato do presente, uma criação do presente.

Vejamos agora o segundo grande modo de reincidência do passado. Não é mais sob a forma de recordação que o passado retorna, mas sob a forma de um vivido, de um comportamento ou escolha crucial que o sujeito reproduz sem saber que é seu passado, que, repetindo-se, leva-o a tomar esta decisão ou a realizar aquele ato. Meu passado, portanto, não é mais evocado numa recordação consciente, e sim precipitado nos atos essenciais de minha vida, atos que considero, no momento, deliberados ou fortuitos, mas que, na verdade, são a repetição de um passado pressionado a ressurgir. Sim, nossos atos essenciais, como escolher nosso parceiro ou parceira, a profissão que exercemos ou o lugar onde moramos, são todos eles escolhas decisivas que, à nossa revelia, atualizam o passado.

Mas quais são esses atos? Eles pertencem a dois grupos. Os atos que nos **ligam** à criatura amada, à coisa ou ideal amado, e

Os três retornos de nosso passado 41

os atos que nos **separam** da criatura amada, da coisa ou ideal amado. Se vocês me perguntarem o que é que se repete em nossa vida do ponto de vista psíquico, responderei que o que se repete é nossa maneira de amar, nosso compromisso afetivo com a criatura amada, com uma coisa amada como, por exemplo, uma casa, uma cidade ou um país, ou mesmo com um ideal amado. Nós repetimos uma maneira de amar, mas também uma maneira de nos separar ou fazer o luto da perda da criatura que amamos. O que repetimos são sempre atos ligados ao amor ou ligados à separação. Assim, cada retorno em ato de um passado feliz no qual amamos ou de um passado doloroso no qual sofremos uma perda é um ato essencial que desenvolve o nosso ser. Cada provação difícil que atravessamos, ou, ao contrário, cada instante feliz que vivemos, é uma nova camada que se acrescenta ao nosso eu e se funde com as antigas camadas que constituem a base de nossa personalidade.

O que somos nós, com efeito, o que é o nosso eu hoje senão a sedimentação de todos os retornos em ato de um passado afetivamente intenso e por vezes conturbado? Sem dúvida, nosso passado nos segue a todo instante: o que sentimos, pensamos, desejamos, desde o nosso primeiro despertar e mesmo muito antes, está aqui, agindo no presente. **Somos nosso passado em ato**. Sim, o ser que somos é, neste momento mesmo que transcorre, a última repetição de nosso passado. Eu mesmo, dirigindo-me a vocês, leitores, sou neste instante o resultado de tudo que fui, de todas as experiências agradáveis ou desagradáveis por que passei. E diria, como na célebre canção, *"Non, je ne regrette rien!"* [Não me arrependo de nada], uma vez que tudo que me precede me leva a ser aquele que sou hoje perante vocês e perante mim mesmo. Numa palavra, somos nosso passado atualizado, o que digo, somos nosso **inconsciente atualizado**; um inconsciente que não está atrás de nós mas dentro de nós, recolhido no aqui e agora do ato que marca o que acabamos de executar. Quando

Édith Piaf canta *"Non, rien de rien, je ne regrette rien"* [Não me arrependo absolutamente de nada], não é uma neurótica que se lamenta e gostaria de reconstruir seu passado. Ao contrário, é um sujeito orgulhoso de seu passado, ainda que este tenha sido às vezes tempestuoso, um sujeito em consonância consigo mesmo e, para resumir, em paz com o próprio inconsciente. Enquanto o sujeito pacificado aceita, e até ama, o inconsciente que o fez como é, o neurótico em crise, atormentado por sua história, luta contra si mesmo, contra o próprio inconsciente, ao qual ele tem horror porque as decisões que toma ou as ações que empreende resultam nos mesmos fracassos e erros.

Temos, portanto, o **retorno em um ato sadio de um passado** afetivamente intenso, conturbado e **recalcado**; e o **retorno em um ato patológico de um passado** não simplesmente conturbado, mas **traumático**. Completo dizendo que o passado traumático é **foracluído** e **recalcado**. Justificarei o termo "foracluído" no capítulo seguinte. Por enquanto, digamos que a primeira forma de repetição em ato é a de um inconsciente que assimilamos às pulsões de vida que visam estender o ser. A outra forma de repetição em ato é o retorno de um passado traumático. É a atualização violenta de um inconsciente que assimilamos às pulsões de morte, que, ao contrário das pulsões de vida, reduzem o ser ao núcleo de um trauma. As pulsões de vida ligam, integram e ampliam o ser, ao passo que as pulsões de morte separam, isolam e reduzem o ser a seu estado mais crispado e doloroso. Quando é o inconsciente, força de vida, que sobe à superfície do eu, o passado que irrompe insere-se muito naturalmente na ação presente, coincide com a vida e, não raro, manifesta-se por atos criadores. Quando, em contrapartida, é o inconsciente, força de morte, que se precipita numa ação selvagem e compulsiva, o passado que se impõe abala o presente e nos desestabiliza. No caso do inconsciente força de vida, trata-se de um passado conturbado e, por conseguinte, **re-**

calcado, embora na expectativa de retornar para se integrar no presente quando as circunstâncias do momento assim o exigirem. No caso do inconsciente força de morte, trata-se de um passado traumático e, por conseguinte, **foracluído** antes de ser **recalcado**. Um passado ansioso por se exteriorizar repetitivamente, furando de modo brutal a casca do eu para ali ganhar a forma de um sintoma ou de uma passagem ao ato. Antecipo minhas afirmações da próxima seção dizendo-lhes que o trauma – sinônimo de emoção traumática –, uma vez vivido, foracluído e recalcado, tem apenas uma impaciência, a de ser revivido *ad infinitum*. O trauma, paradoxalmente, é uma droga, e o traumatizado, um viciado nessa droga. **O trauma gera o trauma**.

Em suma, os três retornos de nosso passado podem ser assim classificados:

> Os três retornos de nosso passado:
>
> - A $\boxed{\textit{repetição}}$ *sadia* ou $\boxed{\textit{rememoração}}$ é o retorno **à consciência** de um passado **esquecido**.
> - A $\boxed{\textit{repetição}}$ *sadia* é o retorno, **em nossos comportamentos**, de um passado **conturbado** e **recalcado**.
> - A $\boxed{\textit{repetição}}$ *patológica* é o retorno compulsivo, em nossos **sintomas** e **passagens ao ato**, de um passado **traumático**, **foracluído** e, depois, **recalcado**.

É precisamente da repetição patológica e compulsiva, que leva inúmeros pacientes ao consultório do analista, que falaremos agora.

A REPETIÇÃO PATOLÓGICA É
O RETORNO COMPULSIVO DE UM
PASSADO TRAUMÁTICO QUE EXPLODE
NO PRESENTE DE UM SINTOMA OU
DE UMA AÇÃO IMPULSIVA

*Os abalos inconscientes <u>não querem ser rememorados</u>,
mas aspiram <u>a reproduzir-se</u>.
O doente quer <u>agir</u> suas paixões.*

Sigmund Freud

Abordemos agora o tema mais importante deste livro. Refiro-me ao tema da repetição patológica e compulsiva que leva numerosos pacientes a nos consultar. A repetição patológica caracteriza diversos quadros clínicos psicopatológicos tais como: • a repetição inexplicável de fracassos graves; • a multiplicação de rompimentos amorosos incompreensíveis; • distúrbios obsessivos compulsivos; • e finalmente toda uma gama de comportamentos aditivos, como a toxicomania, a perversão sexual, o vício em jogos de azar, a delinquência ou ainda a bulimia ou a anorexia.

O que é então a repetição patológica? Respondo prontamente, modificando a definição geral da repetição que propus como título deste capítulo: **a repetição patológica é uma série de *pelo menos três ocorrências*** – e não duas, pois ela é insistente e compulsiva – **na qual uma emoção infantil, violenta, foracluída e recalcada aparece, desaparece, reaparece e reaparece novamente alguns anos mais tarde, na idade adulta, sob a forma de uma experiência perturbadora cujos paradigmas são o sintoma e a passagem ao ato.** Mas que passado traumático é esse que retorna incessantemente, sempre semelhante? De que natureza é essa emoção infantil que se precipita no presente e faz sofrer? Digamos com clareza: o "espectro" da repetição patológica, o Mesmo que assombra o sujeito, é uma emoção aguda e violenta vivida na idade da infância ou da puberdade, por ocasião de um episódio traumático, meio real, meio imaginado, de caráter sexual, ou agressivo ou melancólico, que fez o sujeito sentir-se no centro do acontecimento, seja como vítima, agente ou testemunha. Tal emoção, que apavora a criança ou o jovem adolescente antes que ele a recalque, não é uma emoção pura. Não se pode dizer, categoricamente, "a criança foi abusada sexualmente", nem "a criança sofreu maus-tratos", nem tampouco "a criança foi abandonada". Não. Todas essas fórmulas são corretas, mas não dizem o que a criança de fato sentiu, qual foi o abalo emocional que a perturbou no momento do incidente. A emoção infantil impactante é, na verdade, um composto de emoções extremas e contraditórias, um misto de pavor, asco e, às vezes, prazer, vivido pela criança **abusada sexualmente;*** um misto de pavor, dor, ódio e, em certos casos, prazer, também extremo, vivido pela criança que sofreu **maus-tratos**; e, finalmente, um misto de pavor, tristeza e até mesmo ódio, vivido pela criança **abandonada**. Ora, designo cada uma dessas misturas de emoções exacerbadas pelo termo lacaniano "gozo". O que é o gozo? No contexto deste livro sobre a repetição, eu o definiria assim: *O gozo é uma concreção de emoções agudas, violentas e contraditórias experimentadas pela criança que sofre um trauma. Emoções sentidas, mas não registradas por uma consciência imatura e obscurecida pelo pavor. O gozo, portanto, é um misto de emoções sentidas e não assimiladas pelo eu traumatizado.* "*Não posso dizer* – declarava

---

* Tenho dificuldade em escrever que uma criança, menino ou menina, que sofreu uma agressão sexual, possa sentir prazer, ainda que um prazer horrível, inadmissível no caso de um eu imaturo. E, no entanto, esta é uma realidade constatada por todos os clínicos e, em particular, por Freud quando escreve: "Os incidentes sexuais não engendram necessariamente desprazer, **a maioria deles é agradável**. Resulta disso que sua repetição é em geral acompanhada de prazer. Um prazer desse tipo constitui uma *compulsão*." "Carta 52", ESB, vol.1.

A repetição patológica é o retorno compulsivo de um passado traumático   49

um analisando ao rememorar uma agressão sexual – *que sensações e emoções senti no momento. Eu não compreendia nada, estava atônito, trêmulo, palpitante.*" Denomino esse estranho fenômeno – viver uma emoção transbordante sem ter consciência de vivê-la, *sem poder simbolizá-la*, **ictoforaclusivo**. Com efeito, a criança abalada pelo trauma foraclui o gozo: ela o sente em seu corpo, mas não o representa em sua cabeça. Ela fica como se fosse golpeada por uma **agnosia emocional**, isto é, não reconhece as emoções e sensações que percebe; percebe-as sem representá-las mentalmente. Ora, é essa exclusão do gozo do mundo das representações, do mundo simbólico, que o torna mais virulento do que nunca e mais determinado do que nunca a ressurgir tal qual, idêntico a si mesmo. Assim, de emoção aguda e violenta, rejeitada pelo simbólico, o gozo da criança torna-se uma emoção incoercível que almeja carregar indefinidamente com sua tensão ardente o corpo do adulto. Ainda há pouco, eu escrevia "o trauma gera o trauma", agora traduzo: **o gozo gera o gozo**. Eu gostaria de expor novamente a questão do caráter compulsivo do gozo e respondê-la de maneira sintética:

> **Por que um sujeito adulto tende a repetir – à sua revelia – uma experiência tão penosa quanto o trauma infantil que sofreu, ao passo que o bom senso nos levaria a pensar que conviria antes esquecê-lo? Por que o gozo deseja ressurgir compulsivamente?**
>
> Temos quatro respostas possíveis e complementares: simbólica, econômica, clínica e genética.
>
> • Em primeiro lugar, a resposta *simbólica* que acabamos de esboçar. A causa da repetição compulsiva do gozo resume-

se a três vocábulos: **defeito de simbolização**. "*O que foi excluído do simbólico*", formulava Lacan, "*reaparece no real*." Parafraseando-o, enuncio: o gozo excluído do simbólico reaparece compulsivamente no real de uma ação descontrolada. Sim, é a não simbolização do gozo, isto é, sua foraclusão, sua não representação consciente e, por consequência, sua não integração no eu da criança que está na origem de sua obsessão em se repetir. Por quê? Porque toda emoção forte, não enraizada na consciência mediante uma representação, uma vez relegada no inconsciente, permanece isolada, isto é, isolada da rede de todas as outras representações inconscientes que se comunicam entre si. É esse isolamento, essa segregação, que encerra o gozo em si mesmo e o impede de distribuir sua sobrecarga de tensão entre as outras representações. Por conseguinte, o gozo vagueia no inconsciente como uma bola de fogo enlouquecida em busca da primeira oportunidade para voltar à superfície e incendiar o corpo mais uma vez. **Ele nasceu gozo num corpo jovem e quer renascer gozo num corpo adulto**.

- Entretanto, daremos outra resposta simbólica. Uma vez que o gozo não foi vinculado a uma representação, podemos supor que sua tendência compulsiva a reaparecer é, na verdade, uma busca da representação que lhe falta. O sintoma recorrente ou o comportamento imprevisível pelos quais ele procura se exteriorizar podem ser considerados uma provocação, um apelo dirigido a alguém suscetível de nomeá-lo e encontrar-lhe a representação que poderia finalmente atenuá-lo. A simbolização atenua o gozo, pois permite "socializá-lo", integrando-o no conjunto das emoções comuns.

- Passemos agora à resposta **econômica**. O gozo traumático infantil, isolado e sobrecarregado de tensão, quer ser revivido numa manifestação impulsiva que opere como uma válvula de liberação de energia. O gozo inicial se repete e repetirá enquanto o excesso de tensão não for evacuado.
- A resposta **clínica** está centrada na angústia. Por ocasião do episódio traumático, a agressão súbita e avassaladora de que a criança foi vítima não lhe deu tempo de se angustiar e, portanto, de fugir ao perigo e se proteger. Em suma, a angústia que teria permitido temer o perigo e preparar-se para ele faltou. Pois bem, o sujeito adulto que sofreu um trauma infantil procura encontrar, em especial em seus pesadelos, uma situação semelhante de perigo e reviver a mesma experiência, mas dessa vez sentindo novamente a angústia. Assim, o sujeito tenta transformar o apavorante em angustiante.
- A última resposta é uma resposta de ordem **genética**. Já em seus primeiros trabalhos, Freud afirma que o sujeito traumatizado permanece **fixado** na experiência doentia da satisfação significada por seu trauma. Como se a criança agredida houvesse imprimido em seu inconsciente um protótipo degenerado de resposta às excitações avassaladoras. Assim, o sujeito adulto não conheceria outro modo de satisfação senão aquele, brutal, sentido por ocasião do trauma. Deparamo-nos, portanto, com homens e mulheres que vêm nos consultar porque não conseguem interromper a busca irreprimível do mesmo prazer contaminado de dor – gozo – que viveram por ocasião do trauma sofrido na infância. Por conseguinte, podemos explicar a causa da repetição

> patológica como **a atração irresistível exercida por um modelo exclusivo e doentio de satisfação.**
>
> - Em resumo, por que o gozo quer ressurgir compulsivamente? Para ser nomeado, para ser descarregado, para ser completado pela angústia e sobretudo... porque, na verdade, sua natureza é permanecer gozo. No fundo, ele quer ser nomeado, descarregado ou, ainda, contaminado pela angústia, e todas essas buscas são apenas intenções que lhe atribuímos. Na realidade, **o gozo não pede nada, não quer mudar nada.** Quer, obstinadamente, continuar seu movimento e permanecer tal qual, idêntico a si mesmo.

Gênese do gozo compulsivo

Agora eu gostaria de esquematizar a sequência das diferentes etapas da gênese do gozo compulsivo. Todas as vezes que se encontrarem diante de um paciente que apresente um comportamento compulsivo e repetitivo, vocês podem se guiar de acordo com o seguinte procedimento.

1 → **Psicotrauma** na criança, ou seja, afluxo avassalador e súbito de uma excitação num eu infantil fraco demais para reprimi-lo. Se, enquanto estivermos aqui, e Deus queira que não, o teto cair em cima de nossas cabeças, isso será traumático, porque não temos capacidade de assimilar excitação tão brutal e imprevisível. "Trauma" é um vocábulo que pode ser resumido numa simples equação: muita excitação para um Eu incapaz de retê-la. Não esqueçamos que o psicotrauma pode ser uma violência única ou uma série de microviolências frequentes e repetidas. Muitas vezes

A repetição patológica é o retorno compulsivo de um passado traumático 53

o psicanalista procura descobrir na história de seu paciente um único acontecimento traumático que explique os comportamentos patológicos e compulsivos. Porém, a causa desses comportamentos pode ser às vezes uma série de microtraumas que se acumulam progressivamente durante dois ou três anos. De toda forma, cada microtrauma é sempre provocado pelo intolerável impacto de um excesso de excitação num eu fraco demais para assimilá-lo. Um excesso de excitação que pode ser não apenas excesso de sofrimento, como também excesso de prazer; e até mesmo excesso de presença ou excesso de ausência do adulto do qual a criança depende, em geral a mãe. Quando digo excesso de ausência, penso, por exemplo, no caso de um bebê abandonado, como Raquel; e quando digo excesso de presença, penso no comportamento doentio da mãe que sufoca o filho com um excesso cotidiano de ternura sensual, ansiosa e possessiva. Eis por que podemos considerar o complexo de Édipo não apenas uma passagem obrigatória na evolução normal da criança, mas também um período eminentemente traumático, causa de numerosos distúrbios neuróticos da idade adulta. Voltemos agora ao nosso procedimento. Após o **psicotrauma**, temos: **2** → Irrupção violenta na criança de um magma emocional que denominamos **gozo**. **3** → **Foraclusão** do gozo ou falta de simbolização. Eu poderia dizer foraclusão do "Nome-do-pai", mas prefiro não me concentrar no significante e formular diretamente **Foraclusão do gozo**. Com efeito, quando Lacan fala de foraclusão é sempre foraclusão de um significante, foraclusão do significante "Nome-do-pai", porque ele considera que a falha principal reside justamente na ausência de um significante que deveria representar o gozo. Um representante deveria ter advindo e não adveio, deveria ter ocupado o lugar do "Nome-do-pai" e não o fez. Entretanto, o desenvolvimento de meu próprio trabalho me leva a pensar que o importante é menos a falta de fixação da amarra significante do que a deriva do gozo não amarrado. O essencial para mim é a matéria emocional que, desprovida de sua amarra significante, transforma-se numa bola de fogo desenfreada no inconsciente. 4 → Mas antes que o gozo seja recalcado e se transforme na bola de fogo desenfreada, convém saber que, no exato momento do trauma, o gozo é envolto – por assim dizer – em uma imagem cênica, um véu sobre o qual está gravada uma cena que denominamos **Fantasia, Fantasia inconsciente**. Por que inconsciente? Porque, tão logo se forma, ela já é recalcada, relegada no inconsciente. Como veem, preferi colocar a **Foraclusão** antes do **Recalcamento**. Trata-se de dois mecanismos do Eu complementares. A princípio, **Foraclusão** do gozo, porque não é simbolizada e, imediatamente depois, **Recalcamento** da fantasia que contém o gozo, porque fantasia e gozo são relegados no inconsciente. 5 → Relegado então no inconsciente, o gozo, sempre envolto na fantasia, permanece recalcado durante anos, desde o trauma infantil até a idade adulta. 6 → Durante esse **período de incubação**, o gozo – foracluído, recalcado enquanto fantasia, isolado e errático – fermenta, se agita e aspira exclusivamente a uma coisa: poder perfurar a superfície do Eu e implodir num corpo tornado adulto. É precisamente esse estado febril de um gozo confinado no inconsciente que me inspira a metáfora da virulenta bola de fogo. 7 → Na idade adulta, o gozo explode periodicamente em atos compulsivos, irreprimíveis e repetitivos.

*

Um exemplo clínico de gozo compulsivo: o pênis-mão

Penso agora no paciente que recebi antes de vir aqui, um senhor de 34 anos, bem-posicionado socialmente, morando com a namorada há mais de dois anos e planejando casar em breve. Ele me diz: "Venho aqui porque tenho um problema: minha companheira – que está aqui, na sala de espera – percebeu que, regularmente e sem que eu perceba, eu entro na internet para me masturbar com a ajuda de imagens pornográficas. Ela gostaria, e eu também, que isso terminasse, pois não podemos nos casar enquanto essas práticas não cessarem." Como expus no início, quando escutamos uma declaração como esta, pensamos imediatamente na repetição temporal do sintoma. É um pensamento automático que me leva a perguntar a ele, por exemplo, desde quando se masturba dessa maneira. Ele responde que há muito tempo, desde bem jovem. Faço então o que chamo de retificação subjetiva, isto é, a retificação do sentido que atribui ao seu sintoma. Operar uma retificação subjetiva significa modificar no paciente o ângulo, a perspectiva pela qual ele interpreta seu sintoma. No caso de Albert – vamos chamá-lo assim –, o problema não era sua tendência à masturbação secreta; o problema não era que ele enganava a companheira com uma imagem sexual. Pouco a pouco, e à medida que a entrevista avança, descubro que Albert sofre de um vício masturbatório tão intenso que lhe é impossível ejacular se não for com a mão. Isto é, ele conseguia penetrar a mulher, mas para poder ejacular tinha que se retirar e se masturbar. "E isso acontece agora com Émilie ou é um hábito que o senhor já tinha com outras mulheres?", perguntei. "Isso já me aconteceu com a minha primeira parceira, um relacionamento que durou oito anos, durante os quais nunca consegui ejacular dentro de seu sexo. Na verdade, nunca ejaculei no interior do corpo de uma mulher." Nesse momento eu me aproximo, pego sua mão com toda a naturalidade – sem que ele se mostre surpreso – e, tocando em sua palma, explico: "O problema é que o seu sexo, isto é, o seu pênis, está como que colado aqui, na palma de sua mão. Para poder ejacular, seu pênis tem a imperiosa necessidade de sentir a pele da palma de sua mão, e o senhor a de mover-se num ritmo que apenas o senhor conhece." "Eu nunca tinha pensado nisso", foi sua resposta. "O que vamos fazer, você e eu, é descolar o pênis da mão." Eis a **retificação subjetiva**: um paciente me consulta sobre sua dependência da imagem pornográfica, e eu desloco o problema falando da dependência do sexo com relação à mão. De uma dependência visual, eu passo a uma dependência táctil. A dificuldade de Albert é um sintoma sexual grave porque, se não conseguirmos romper esse antigo vício da mão pelo pênis e do pênis pela mão, ele jamais terá filhos, salvo se recorrer a uma procriação medicamente assistida. Outros pacientes foram obrigados a solicitar uma procriação assistida por causa de distúrbios muito semelhantes aos de meu paciente atual. Lembro-me de ter recebido um senhor de uns quarenta anos que sofria de uma impotência radical. Não conseguia penetrar o corpo de sua mulher porque vivia sob o jugo de uma fantasia segundo a qual o sexo feminino é tão hermeticamente fechado que ele temia esmagar seu pênis contra uma suposta porta metálica que vedava a vagina. Para voltar ao caso de Albert, espero que nos próximos meses possamos desinvestir a mão e desconectar o par mão-pênis. Em todo caso, tenho certeza de que nossa teoria da foraclusão do gozo pode nos ajudar a encontrar na juventude de Albert um incidente ou uma série de incidentes ao longo dos quais o gozo foi engendrado. Um gozo que ficou latente durante vários anos até se exteriorizar na adolescência sob a forma de uma masturbação febril e intrusiva. Todas as vezes que Albert sente necessidade de se masturbar, todas as vezes que obedece à exigência pulsional e indômita de empunhar seu sexo e sacudi-lo ritmicamente, temos certeza de que é uma ressurgência do gozo compulsivo. É nessa hipótese que peço que reflitam quando se virem face a face com um paciente como Albert: o ato compulsivo de hoje se explica pela aparição brutal de um gozo engendrado na época da infância ou da puberdade.

Mais uma palavrinha a respeito do meu gesto de analista de tomar a mão do paciente, mostrar-lhe a palma e assinalar que seu pênis está colado nela. Devo esclarecer que esse tipo de intervenção não é comum de minha parte. Se fiz isso, foi com total e

A repetição patológica é o retorno compulsivo de um passado traumático 57

plena consciência do profissional que sou. Foi um gesto simples, natural, eu diria desafetado, recebido pelo paciente com a mesma naturalidade, mas vivido como uma revelação impactante. Devo acrescentar que, quando ensinamos e expomos nossas próprias intervenções em sessão, não somos nada indiferentes ao efeito que nossa fala pode provocar nos alunos mais jovens. Estou consciente de correr o risco de ver alguns de vocês reproduzir mecanicamente, como que por mimetismo, nossa maneira de trabalhar com o paciente. Quando digo que toco a mão do paciente, devo esclarecer que nunca teria feito tal gesto com apenas trinta anos de profissão, faço-o apenas depois de 48 anos de profissão! Dirigindo-me aos jovens psicanalistas, peço, por favor: não toquem na mão do paciente sentado à sua frente! A intuição do bom clínico, eu deveria dizer o **inconsciente instrumental** de um bom clínico, é fruto de uma longa maturação ao longo de uma extensa prática.

*

Gostaria de retornar à noção de fantasia. A criança que não logrou forjar uma **representação simbólica** do que sente nem por isso deixa de modelar o gozo, em seu inconsciente, numa **representação imagética** mais elementar do que teria sido uma representação ideacional consciente. Na falta de uma representação consciente, o gozo enquista-se numa **representação cênica inconsciente** que Freud teria identificado como uma "representação de coisa". O gozo recalcado, portanto, é enquistado numa cena cuja ação se congelou e que chamo de "**cena fantasística**". Uma cena apenas esboçada, de contornos imprecisos, sobrecarregada de tensão, à deriva no inconsciente, impaciente para se exteriorizar. Que tipo de cena? É um quadro muito impreciso, composto de dois ou três personagens em ação, ou, às vezes, um fragmento de quadro, um close, no qual vemos uma parte do corpo de um dos personagens comprimir uma parte do corpo do outro. Eis um curto exemplo extraído do caso de Bernardo (ver p.91). Bebê, Bernardo é testemunha de uma briga violenta e até sangrenta entre seus pais, sentindo um **estupor** confuso diante do que vê, **pavor** e **dor** diante da mãe machucada, espancada, **raiva** contra o pai brutal e **impotência** para interferir. Esse garotinho só guardará em seu inconsciente a imagem congelada do pescoço gracioso de sua mãe apertado pelas mãos crispadas do pai fora de si. Tomemos outro exemplo, o de uma garotinha ainda impúbere, vítima de assédios, cujo inconsciente conservará a impressão fugidia da cena carregada de um misto emocional de **pavor**, **repulsa**, mas também **volúpia**, provocado pelo roçar do sexo túrgido do irmão mais velho sobre sua perna. Nesse caso, é uma imagem dominante táctil, uma cena que flutuará no inconsciente da criança, da adolescente e da mulher adulta que ela virá a ser. Digo, efetivamente, "que flutuará no inconsciente", e não que "surgirá na consciência". Para que uma imagem táctil carregada de repulsa e prazer se torne consciente, faz-se necessário um trabalho profundo de análise e a instalação de uma relação transferencial de confiança com a paciente, a fim de que ela reviva em diversas ocasiões o gozo traumático e, assim, consiga dissipá-lo. Mais à frente detalharemos a maneira como Bernardo reviveu sua emoção traumática durante o tratamento. Ainda que seja difícil admitirmos, a cena visual, auditiva, táctil ou olfativa que fixa e teatraliza o gozo vagueia no inconsciente sem que o sujeito consiga representá-la conscientemente. **A criança traumatizada será, ao longo de toda a sua vida, parasitada, mais que parasitada, impregnada por uma cena nociva que ela não vê e que, não obstante, dita-lhe as ações e escolhas compulsivas.**[*]

---

[*] Eu deveria aqui fazer uma ressalva e declarar que, no decurso de suas vidas, incontáveis crianças encontram o apoio necessário para atenuar a cena nociva e inibir a repetição.

É precisamente essa representação cênica do gozo, essa pantomima emocional, que chamo de "**cena fantasística* inconsciente**" e considero o objeto incoercível que tende incessantemente a se exteriorizar, isto é, a se manifestar por um sintoma ou por uma ação impensada. Linhas atrás, eu lhes dizia que o Mesmo que se repete é o gozo; agora, completo: sim, é o gozo, porém encenado e enquistado numa fantasia. Por conseguinte, quando enuncio que o objeto que se repete é "o Mesmo", "o gozo" ou "a fantasia inconsciente", minhas afirmações são absolutamente equivalentes. No entanto, pensando na clínica, a formulação mais bem-acabada seria: o Mesmo que se repete, que não cessa de aparecer, desaparecer e reaparecer, de modo compulsivo, como um distúrbio psicopatológico, é uma **fantasia** à deriva no inconsciente. Sejamos mais precisos. Não convém confundir o passado traumático que se repete no presente com o passado morto, o dos remotos acontecimentos auspiciosos ou desafortunados cuja recordação o sujeito pode ou não preservar. Não. O passado que nos interessa é o passado conturbado e recalcado, no caso da representação sadia; e sobretudo o passado traumático, no caso da repetição patológica. Entretanto, ao longo de nossa prática cotidiana de analista, encontramos muitas vezes pacientes que, embora não gravemente neuróticos, atravessam períodos de crise devido à reincidência de um passado **pontualmente** traumático. Lembremos que, aqui, **esquecido** não é sinônimo de **recalcado**. Posso **rememorar** um passado esquecido, ao passo que **atuo** sobre meu

---

* Uma **cena fantasística** é a marca deixada por um psicotrauma no inconsciente de uma criança ou de um pré-adolescente que foi vítima ou se imaginou vítima de agressão sexual, maus-tratos ou abandono; ou, ainda, que sofreu regularmente **microtraumas** durante um período da vida, por ocasião do complexo de Édipo, por exemplo quando um dos pais respondeu em espelho às solicitações eróticas da criança. Logo, sugiro a seguinte fórmula: <u>**A cena fantástica é a lembrança inconsciente de um psicotrauma infantil**</u>.

passado recalcado (repetição sadia) ou meu passado traumático (repetição patológica). Este último é um passado que encerra uma fantasia inconsciente superexcitada, impaciente para se exteriorizar, brotando repetitivamente na superfície do eu sob a forma de uma manifestação compulsiva.

Como vemos, o objeto da repetição patológica é uma fantasia inconsciente. Seja. Mas como ele se repete? Trata-se de uma dupla repetição: no tempo e no espaço intrapsíquico. No tempo, vemos repetir-se um fenômeno recorrente; e, no espaço intrapsíquico, vemos o mesmo sintoma repetir a fantasia inconsciente da qual ele é o reflexo na superfície do eu (ver *Figuras 1 e 2*, p.67-8). Eis por que eu afirmava no início que, ao se ver diante de um distúrbio psicopatológico, o analista deve, automaticamente, detectar o número de vezes que esse distúrbio se repetiu no tempo e supor, por trás do distúrbio, uma cena fantasística inconsciente. Uma cena que ele terá primeiro de reconstruir intelectualmente e, em seguida, perceber de forma intuitiva, antes de levar seu paciente a conscientizá-la e revivê-la emocionalmente. Voltaremos a isso ao relatar o caso clínico de Bernardo.

DUAS MODALIDADES DA REPETIÇÃO PATOLÓGICA: A REPETIÇÃO TEMPORAL E A REPETIÇÃO TÓPICA

*A repetição temporal é uma série de repetições
tópicas que se sucedem na linha do tempo.*

J.-D. Nasio

É chegado o momento de aprofundar as duas modalidades da repetição patológica, temporal e tópica. A **repetição temporal** do sintoma é uma repetição detectável e enumerável: o paciente a tolera, recenseia e dela participa. Isabela, por exemplo, durante sua primeira entrevista, declina com toda a inocência os momentos de seu vício em sexo: "Tive relações sexuais com meu irmão mais velho durante vários anos, entre dez e catorze anos; depois, aos 25, conheci o homem que me iniciou nas práticas sadomasoquistas, e agora, quinze anos depois, quando eu acreditava ter virado definitivamente a página, deparo-me com os mesmos problemas. Acabo de conhecer um homem pelo qual estou apaixonada, um homem bem mais velho com quem voltei a ter relações sadomasoquistas. Tenho medo de perder tudo – filhos, marido, emprego; ao mesmo tempo, sinto-me como que enfeitiçada, não posso prescindir de meu amante. Estou perdida. Não sei o que fazer." Eis um apanhado da maneira como um paciente recenseia espontaneamente a repetição temporal de seu sintoma. A propósito, não posso deixar de observar a que ponto o relato de Isabela ilustra de modo eloquente a gênese do gozo e de seu retorno compulsivo. Podemos pensar que, durante os quatro anos de relação incestuosa com o irmão mais velho, ela foi objeto não de um trauma brutal e único, mas de uma série de microtraumas regulares. Com efeito, o psicotrauma não se apresenta obrigatoriamente como um acossamento súbito e violento, podendo produzir-se de maneira progressiva e sutil ao longo de um período bastante longo. Mas seja o trauma uma agressão brutal ou uma série lenta e insidiosa de microtraumas, ele se define sempre segundo uma equação essencial: excesso de excitação num sujeito fraco para aplacá-la. Esclareço que, instantâneo ou progressivo, o psicotrauma acarreta invariavelmente um defeito de simbolização, uma foraclusão do gozo sentido pelo sujeito imaturo (no exemplo de Isabela, uma pré-adolescente). Assuma esse defeito a forma de um **ictoforaclusivo**, no caso do trauma súbito, ou a do que eu chamaria de uma **impregnação foraclusiva**, no caso do trauma prolongado (microtraumas regulares), opera-se sempre uma foraclusão do gozo e seu correlato, o desencadeamento do movimento compulsivo. Assim, no exemplo de Isabela, o antigo gozo incestuoso reaparece compulsivamente por ocasião das duas aventuras sadomasoquistas. Seu vício nas práticas sexuais perversas não passa da sede insaciável de reencontrar as mesmas sensações e emoções de cruel volúpia despertadas pelo irmão.

Mas voltemos à nossa proposição assinalando que, ao contrário da repetição temporal, a **repetição espacial** não é reconhecível pelo paciente, mas deduzida pelo analista. Trata-se de uma repetição interna, intrapsíquica, que qualificamos também de **repetição tópica**. Por que tópica? Tópica vem de "topos", que significa "lugar". É o mesmo vocábulo empregado por Freud para designar as duas abordagens sucessivas do aparelho psíquico. A primeira tópica consiste na tríade Inconsciente, Pré-consciente e Consciente; a segunda, no Isso, no Eu e no Supereu. Denomino "tópica" a repetição produzida entre esses dois estágios que são o Inconsciente e o Consciente. Um sintoma ou uma passagem ao ato vivido inconscientemente pelo nosso paciente repete, duplica a cena fantasiada encerrada em seu Inconsciente. Acrescento que a repetição tópica não pode ser vista como uma repetição causal, uma vez que o sintoma que sofremos é efeito do poder nocivo da cena inconsciente. Por fim, sei que, ao delinear o conceito de repetição tópica, instalo o leitor no domínio abstrato da metapsicologia, mas faço questão de mostrar como especulamos, quando focamos a atenção no Inconsciente de nosso paciente.

Acrescentemos que a repetição tópica rege o mecanismo essencial do simbólico: uma coisa pertencente a um domínio **substituiu** outra pertencente a outro domínio. A característica do símbolo é ser um substituto. Beber um copo, por exemplo, **substitui** o ato de beber um drinque. O copo simboliza o drinque, repete no plano da linguagem o drinque que pertence ao plano do real.

Esquematizemos agora esses dois movimentos da repetição por meio de um desenho. Vamos à *Figura 1* (p.67). Nela, vemos os dois movimentos inerentes à operação repetitiva: o trajeto de uma **repetição horizontal**, em que o sintoma recorrente aparece, desaparece e reaparece sucessivamente; e o trajeto de uma **repetição vertical**, em que a fantasia inconsciente sobe e se exterioriza compulsivamente sob a forma de um sintoma ou uma passagem ao ato. Representamos o **movimento horizontal** por um eixo orientado da esquerda para a direita no qual figuram as diferentes ocasiões em que o sintoma se repete Si^1, Si^2, ... Si^n, isto é, todas as ocasiões em que a fantasia inconsciente se exterioriza. De modo correlato, representamos o **movimento vertical** por eixos orientados de baixo para cima, simbolizando a reincidência compulsiva da cena fantasística inconsciente e sua manifestação sintomática. Assim, a cena fantasística desdobra-se em latente e manifesta: latente, ela é recalcada; manifesta, assume a forma do distúrbio de que se queixa o paciente. Quando falo de repetição *tópica*, quero significar que na fantasia recalcada e no sintoma que a exprime, o mesmo gozo, a mesma emoção, está presente, salvo que, na fantasia, ela é inconsciente e não sentida, ao passo que, no sintoma, é consciente e sentida. Esse núcleo de gozo comum à fantasia e ao sintoma é notado na *Figura 2* (p.68) com a letra (a). Como podem constatar, a *Figura 2* completa a *Figura 1* mostrando não apenas que a fantasia e o sintoma encerram um gozo comum, (a), mas também que uma única fantasia inconsciente irrompe na superfície da consciência sob a forma de balões, Si^1, Si^2, ... Si^n, que simbolizam as sucessivas ocorrências de um sintoma. O sintoma nunca se repete idêntico a si mesmo. Eis por que desenhei várias vezes o mesmo balão enfeitado com sinaizinhos distintivos para indicar que ele é sempre o mesmo a cada incidência, porém afetado por uma leve diferença.

Distingo, portanto, duas repetições, a temporal, que é um salto horizontal no tempo que transcorre, e a tópica, que é um salto vertical no espaço intrapsíquico. Mas seja a primeira um ricochete na linha do tempo e a segunda uma subida à superfície da consciência, ambas são impetuosas, violentas, deflagradas pela alta tensão que reina no inconsciente traumático. A repetição patológica não apenas é penosa em sua manifestação, como também compulsiva em sua irrupção. Compulsiva quer dizer incontrolável e que nada detém. A repetição é compulsiva porque resulta de um duplo impulso irresistível da fantasia inconsciente: um impulso para cima, a fim de se exteriorizar, e um impulso para a frente, a fim de recomeçar. Toda compulsão comporta então esse duplo movimento para cima e para a frente. Em outras palavras, tudo que é traumático, isto é, infantil, não simbolizado, foracluído, recalcado, isolado e superativado, quer imperiosamente atualizar-se; e toda atualização do traumático quer reproduzir-se de imediato. Logo, generalizo e afirmo: **toda irrupção do inconsciente traumático é compulsiva, explode na superfície do eu e se reproduz no tempo**.

Antes de prosseguir, gostaria de resumir minha visão da repetição patológica. A repetição é a exteriorização compulsiva do foracluído e do recalcado sob a forma de um distúrbio, em ge-

Duas modalidades da repetição patológica 67

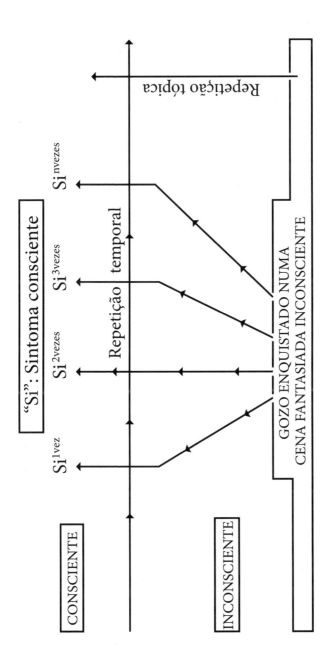

FIGURA 1
Duas categorias da repetição patológica: *temporal* e *tópica*. Na repetição horizontal *temporal* o sintoma se repete diversas vezes na linha do tempo, $Si^1, Si^2, ... Si^n$. Na repetição vertical *tópica*, o sintoma consciente, por exemplo, Si^2, repete (exteriorizada) a fantasia inconsciente.

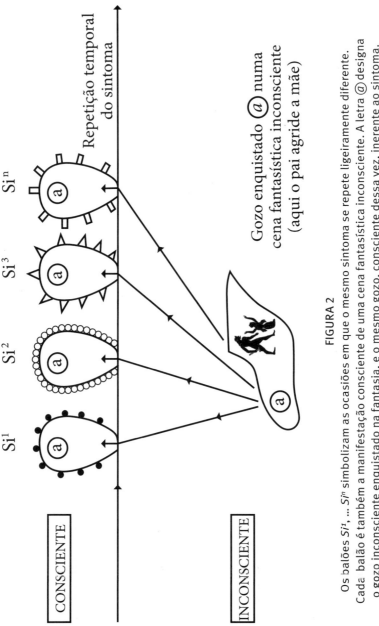

FIGURA 2

Os balões $Si^1, ... Si^n$ simbolizam as ocasiões em que o mesmo sintoma se repete ligeiramente diferente. Cada balão é também a manifestação consciente de uma cena fantasística inconsciente. A letra @ designa o gozo inconsciente enquistado na fantasia, e o mesmo gozo, consciente dessa vez, inerente ao sintoma.

ral penoso, vivido por um sujeito que, sem saber, atua sobre seu passado no lugar de rememorá-lo. Em Freud, o termo "repetição" condensa três ideias: o objeto repetido é uma emoção inconsciente irredutível – o gozo – enquistada numa fantasia; esse gozo fantasístico tende irresistivelmente a manifestar-se, e a manifestar-se de modo incessante; tendo conseguido exteriorizar-se, ele se cristaliza numa necessidade imperiosa de reproduzir a provação traumática num sintoma recorrente, num comportamento de fracasso repetitivo, num distúrbio obsessivo compulsivo, num comportamento dependente, numa passagem ao ato perigosa, ou numa perversão sexual. Abrigo todas essas manifestações sob a expressão **patologias da repetição**. Repetir é sempre repetir o gozo, repeti-lo compulsivamente num distúrbio da personalidade ou do comportamento. No entanto, vimos (quadro p.43) que a repetição nem sempre é repetição patológica de um passado traumático e doloroso. Existem também retornos investidos de um passado sadio, embora conturbado, bastante excitante e afetivamente intenso, seja na criação de um lugar, seja na perda de um lugar.

A PULSÃO É A FORÇA COMPULSIVA DO GOZO

Até agora respondemos às seguintes perguntas: qual é o objeto que se repete? Por que se repete? Como se repete? Dessa forma, estabelecemos que o **objeto** era o gozo ou a cena fantasística que a ilustra; que a **causa** da repetição compulsiva era o defeito de simbolização do mencionado gozo e de suas consequências, seu isolamento no inconsciente e sua fúria compulsiva; e, depois, que seus dois **modos** de repetição eram o temporal e o tópico. Agora, devemos responder a uma nova e importantíssima interrogação: como definir a **força** impetuosa do gozo, que também alimenta a fantasia inconsciente e a impele a se exteriorizar? É nesse ponto que devemos introduzir o conceito de pulsão como sendo igualmente uma força, a força que faz com que a fantasia exploda compulsiva e reiteradamente na superfície do eu. Podemos então nos perguntar por que distinguir gozo e pulsão, uma vez que em ambos os casos trata-se de forças em ação. Na realidade, vemo-nos diante de um mesmo fenômeno energético, mas considerado de dois pontos de vista. Falamos de **gozo** quando pensamos nas emoções que aterrorizam o sujeito infantil traumatizado, nas emoções dramatizadas pelos personagens da fantasia e nas emoções que perturbam o sujeito adulto acometido de patologias da repetição. Em suma, o gozo é o nome que damos à energia psíquica quando esta assume a forma de uma emoção. Em contrapartida, falamos de **pulsão** quando pensamos no *trajeto* percorrido por essa mesma energia psíquica quando ela anseia irresistivelmente por se manifestar; e, sobretudo, quando pensamos na *fonte* corporal de onde ela brota, ou seja, a zona erógena – orifícios, pele ou músculos –

que lhe dá origem. Assim, pulsão é o nome que damos à energia psíquica quando ela assume o caráter de uma força que emerge da carne e se projeta. Em outras palavras, a pulsão é uma força que nasce em uma zona excitada do corpo, sobe de imediato para a cabeça, encontra uma cena fantasiada que ela investe e que a representa (representação de coisa) e não aspira senão a descarregar sua tensão o mais rápido possível, desencadeando a ação motora suscetível de aplacar a excitação que a engendrou.

Concentremo-nos agora no problema da compulsão da repetição. Lembro que, no início de sua obra, Freud concebia a repetição compulsiva do trauma como um efeito da fixação do sujeito em seu trauma. Permanecer fixado numa experiência traumática significava então não poder livrar-se dela e querer refazer a mesma experiência anos mais tarde. Foi só em 1920 que ele explicou o fenômeno da compulsão de repetição como sendo a principal propriedade das pulsões. Com efeito, a grande descoberta de Freud, que representou uma guinada decisiva em sua teoria, foi constatar que o objetivo primordial de uma pulsão não é tanto procurar satisfazer-se, obter prazer, mas retornar a um estado antigo conturbado – um estado traumático ou sadio, mas de intensa excitação –, trazê-lo para o presente e restaurá-lo. É justamente essa ideia inédita que Freud desenvolve no artigo "Além do princípio de prazer". Como se, com esse texto crucial, o fundador da psicanálise nos declarasse:

> Cheguei a pensar que o único objetivo das pulsões era obter prazer, compreendido como uma ausência de tensão, mas agora sou obrigado a constatar que as pulsões levam frequentemente o sujeito a viver e reviver emoções infantis perturbadoras, mistura de prazer e dor. Pois como explicar que haja pessoas que, em vez de procurar o prazer, procuram incessantemente reencontrar situações penosas que já conhecem e poderiam ter evitado? Como compreender que alguém

que sabe pertinentemente que tal comportamento lhe é nefasto, procura ainda assim reproduzi-lo, retornar àquilo que o molesta? Que força de atração é esta? Não, a pulsão não procura exclusivamente descarregar sua tensão e obter prazer, mas também voltar ao passado, ainda que o mais negro, e repeti-lo. Devo, então, revisar minha teoria inicial e verificar se o alvo das pulsões não seria apenas o ganho do prazer, mas acima de tudo *retroceder e avançar novamente para a frente*; *retornar em busca do passado assimilado para trazê-lo ao presente e repeti-lo indefinidamente*.

De fato, se fôssemos imaginar o trajeto de uma pulsão, desenharíamos uma flecha que se projeta para a frente, depois retrocede, mergulha no passado traumático, captura o gozo e, assim carregada, retoma sua progressão para a frente. Indefinidamente… As pulsões são então estimuladas por um impulso superior que chamo de **princípio de repetição**. Uma pulsão gosta mais de se repetir do que de ter prazer! Gosta mais de se emaranhar do que mirar e alcançar um objetivo que lhe é exterior! Assim, o princípio de repetição consiste num trajeto em espiral da pulsão, cada uma das volutas mergulhando no inconsciente para nele recolher o passado intenso – traumático ou não –, precipitá-lo no presente e revivê-lo.

Podemos então admitir que existe na vida psíquica uma força mais dominante do que nossa tendência a buscar o prazer e evitar o desprazer. Essa força é a **compulsão a repetir**. Ser obrigado a exteriorizar o passado recalcado, e inúmeras vezes, é um impulso mais irresistível do que a tendência ao prazer. Qual seria, pois, o além do princípio de prazer se não for o princípio de repetição? Logo, Freud poderia ter posto o seguinte título em seu artigo: "*O além do princípio de prazer ou o princípio de repetição*". Temos, aqui, dois princípios que agem articuladamente, embora o primeiro seja mais poderoso que o segundo: o *princípio de repetição*, que comanda as pulsões no corredor do tempo; e o **princípio de prazer**, que rege seus ardores.

Falar a vocês como acabo de fazê-lo visa sobretudo dirigir-lhes uma mensagem: o motor de nossas repetições, a causa que nos impele a escolher sempre um parceiro semelhante, a repetir a maneira de amar e sofrer com amor, que nos leva a voltar incansavelmente ao mesmo tipo de ligação afetiva, essa causa é o retorno no presente de uma experiência precoce, fortemente excitante e emocionalmente intensa.

Antes de abordar a teoria lacaniana da repetição, convém apontar duas questões centrais para a compreensão da compulsão de repetição e fazer alguns esclarecimentos:

> ### A repetição *patológica é compulsiva,* a repetição *sadia não é compulsiva*

- Primeira questão: o caráter compulsivo da repetição é uma propriedade de todas as pulsões ou apenas de parte delas? Minha resposta é clara. Influenciado como sou pelo trabalho com os pacientes, prefiro reservar o **caráter compulsivo** de uma pulsão exclusivamente às **pulsões de morte** e me ater à ideia, desenvolvida ao longo de todas estas páginas, de que a característica singular da **repetição patológica** – diferentemente da repetição sadia – é ser **compulsiva**. Sabemos que, para o clínico, o traço compulsivo está presente na maior parte dos distúrbios psicopatológicos.
- Segunda questão, associada à primeira: o "estado antigo conturbado" que as pulsões tendem a restabelecer é exclusivamente um estado traumático que esfacela o eu ou pode ser um estado não traumático, embora arrebatador,

que deixa o eu intacto? Sempre sustentamos que **o estado antigo conturbado, o passado infantil conturbado, podia ser tanto traumático como não traumático**. Se **traumático**, seu retorno em ato na vida do adulto será **compulsivo** e **patológico**; se **não traumático**, seu retorno em ato será **não compulsivo** e **não patológico**, até mesmo prazeroso. Um lembrete, contudo, para calibrar essas últimas afirmações. Eu não gostaria que o tom categórico de nossas fórmulas sugerisse que tudo está decidido *a priori* e que um jovem sujeito afetado por um psicotrauma será, obrigatoriamente, doente na idade adulta. Conhecemos a força de determinadas pessoas para regenerar-se após um choque traumático.

- Portanto, prefiro distinguir entre a repetição operada pelas **pulsões de vida** (*pulsões de autopreservação e pulsões sexuais*) e a operada pelas **pulsões de morte** (*pulsões de agressão e autoagressão*). Essa distinção corresponde às duas categorias da repetição, **sadia** e **patológica**. As **pulsões de vida** reconduzem ao presente um passado decerto intenso, mas **não traumático**. Fiéis à sua tendência a ligar e unir elementos esparsos, as pulsões de vida integram harmoniosamente o passado, seja ele esquecido ou recalcado, na realidade atual do sujeito adulto. As **pulsões de morte**, em contrapartida, reconduzem ao presente um passado, mais que intenso, **traumático**. Fiéis à sua tendência a separar e dissociar elementos coerentes, as pulsões de morte impõem com violência, na realidade atual do sujeito, o gozo traumático foracluído e desestabilizam o sujeito adulto. Essa irrupção incontrolável de um gozo que quer permanecer idêntico a si mesmo ganha frequentemente a forma de um distúrbio da personalidade ou do comportamento.

- Logo, diremos que o **passado intenso** mais **prazeroso** é agido no presente sob a forma de uma **conduta bem-sucedida**, ao passo que o **passado traumático** e **doloroso** é agido no presente sob a forma de uma conduta **fracassada**.
- O **passado intenso** porém **prazeroso** é um passado que pode ser esquecido ou recalcado. Se foi simplesmente **esquecido**, poderá ser rememorado; e se, tendo sido intensamente excitante, foi **recalcado**, poderá atualizar-se na forma de uma escolha arriscada, de um comportamento audacioso ou de uma iniciativa ambiciosa, atos decerto incontroláveis mas inseridos naturalmente no fluxo normal da existência do sujeito.
- O **passado traumático** e **doloroso** é um passado **foracluído** e depois **recalcado**. Por conseguinte, não pode ser atualizado senão sob a forma de um sintoma ou passagem ao ato.

Para concluir, eis as duas equações cardeais que resumem a teoria da repetição sadia e patológica:

- **Passado *não traumático* → Pulsões de *vida* → Repetição sadia e *não compulsiva*.**
- **Passado *traumático* → Pulsões de *morte* → Repetição *patológica* e *compulsiva*.**

A TEORIA LACANIANA DA REPETIÇÃO:
O INCONSCIENTE É ESTRUTURADO COMO UM AUTOMATISMO DE REPETIÇÃO

Mas que passado originário é esse que as pulsões recolhem, veiculam e atualizam? Segundo as afirmações que fizemos até aqui, deveríamos responder que, no caso da repetição patológica, é a fantasia inconsciente, e que, no caso da repetição sadia, é uma experiência altamente excitante e afetivamente intensa. Contudo, para abordar a teoria lacaniana da repetição, prefiro ater-me à fantasia e à sua repetição patológica. A rigor, uma fantasia não pode ser o estado primeiro, originário, que as pulsões reconduzem ao presente, uma vez que é precedida por outra fantasia. **Uma fantasia é sempre oriunda da interpretação de um fato real visto através da lente deformadora de uma fantasia ainda mais antiga.** Lembrem-se do caso da criança traumatizada pela cena de violência entre seus pais. Eu considerei que a briga era um fato real percebido e registrado inconscientemente pela criança sob a forma de uma cena fantasiada em que vemos as mãos do pai apertando o pescoço da mãe. Entretanto, eu deveria complementar agora e esclarecer que a criança interpretou esse fato real através de uma fantasia que já existia nela. Com efeito, a mãe e o pai que ela vê brigarem foram percebidos através da lente de outra fantasia mais antiga, talvez forjada desde o seu nascimento e certamente desde o Édipo. Outro exemplo é o dos gêmeos homozigotos que não vivenciarão da mesma maneira o mesmo fato perturbador, uma vez que cada um o interpretará segundo a própria percepção fantasística. Em outras palavras, todo acontecimento excitante e intensamente sentido será infalivelmente percebido, registrado e interpretado através do filtro deformante de uma fantasia preexistente. Assim, **tudo que conta afetivamente para nós nunca é real, mas fantasiado**. Em suma, diremos que toda fantasia é sempre precedida por outra fantasia e que a história de nossa vida afetiva é uma estratificação de fantasias significativas.

Definitivamente, uma fantasia não pode ser primeira; não existe fantasia primeira. O antigo que as pulsões recolhem, veiculam e atualizam não pode ser uma fantasia inaugural porque uma fantasia sempre remete a outra que supõe outra, e assim até o infinito. A origem é um ponto no infinito do passado. Eis por que o inicial que procuramos identificar, o acontecimento antigo que as pulsões recolhem, é uma realidade imemorial perdida para sempre, uma realidade de faces múltiplas que designamos indiferentemente pelos nomes trauma, gozo ou, ainda, real. Proponho, pois, a seguinte fórmula: por trás de um sintoma que se repete há uma fantasia que se exterioriza; e por trás da fantasia, há… o real. O real é o enigma do começo, mas é também o enigma do fim. O real não é apenas o passado mais recuado na origem de um sintoma, é ainda seu futuro mais incerto. Considerado numa perspectiva temporal, o real é o duplo enigma do passado e do futuro, da origem e do destino. Sendo assim, se tivéssemos de responder à pergunta "Onde situar o real?", diríamos: o real é o desconhecido que emoldura a repetição na ordem do tempo. Ele é o passado desconhecido e o futuro desconhecido. Ele é o infinito do passado e o infinito do futuro. Mas isso não é tudo. O real é também o cordão que liga as diversas miçangas da série repetitiva. Esclareço. Para Lacan, o real é "o que retorna sempre no mesmo lugar", acrescentando que "a ênfase deve ser colocada no 'retorna'". Mas a que lugar retorna o real, se não for o do Mesmo que se repete no processo repetitivo? Lembrem-se da lei do Mesmo e do Diferente. Afirmei que o Mesmo nunca se repetia idêntico a si mesmo, sempre um pouco diferente, embora identificável como sendo o mesmo objeto que retorna. Na verdade, o objeto da repetição comporta dois aspectos: um núcleo que permanece imutável – é o Mesmo – e um invólucro que muda a cada repetição – é o Diferente. Ora, o real designa precisamente o núcleo inalterado do objeto repetitivo que nos permite, a despeito de seus diferentes invólucros, reconhecê-lo como sendo o mesmo ontem e hoje. É isso o cordão que carrega as miçangas da série repetitiva: o núcleo permanente e atemporal do Mesmo. Mudamos, mas em nós o real não muda. É o que denominamos a mesmidade em si. Entretanto, devemos ainda assinalar que o real corresponde a outra instância que já conhecemos: o gozo comum à fantasia e ao sintoma, mais exatamente o substrato do gozo. Por que o substrato? Porque o real é o núcleo mais íntimo e, no fundo, indefinível de toda emoção, seja ela qual for. Desenhamos esse núcleo com a letra minúscula (a) rodeada por um círculo colocado no interior de cada balão e no interior da cena fantasiada (ver *Figura 2*, p.68).

Se agora traduzirmos nossas observações na terminologia lacaniana, diremos que o real é o desconhecido duplamente posicionado: na repetição temporal e na repetição tópica. Na **temporal**, o real está antes, depois e no centro da repetição como núcleo do Mesmo que permanece inalterado. Na **tópica**, o real é o substrato do gozo que jaz na fantasia e no sintoma. Porém, se demos o nome de real ao Mesmo da Repetição, daremos o de significante a cada ocorrência repetitiva. O que é um significante? Já abordamos essa questão, mas agora gostaria de respondê-la de outra forma: um significante é uma das ocorrências repetitivas; e o conjunto dos significantes, a série das ocorrências repetitivas que formam uma cadeia significante. Portanto, voltando à *Figura 2*, cada balão tomado isoladamente representa um significante, e o conjunto dos balões materializa a cadeia significante. Agora, vemos que cada significante semelhante aos outros é o tutor do real. Em outras palavras, cada balão, cada aparição do mesmo sintoma, é o tutor da cena da fantasia. Assim, quando Lacan afirma que o real retorna sempre ao mesmo lugar, acrescentaremos que o real retorna sempre ao mesmo lugar mas sob a forma de um significante que o representa; o gozo retorna sempre ao mesmo lugar sob a forma de um sintoma que o representa. Em suma, o real ou o gozo é o Mesmo que aparece, desaparece e reaparece a cada vez sob a forma de um sintoma que se repete um pouco diferente.

Em sua investida inexorável, a repetição nos perpassa e modifica. Mas como nomear esse "nós" que se modifica a cada acontecimento repetitivo? Como chamar o que muda em nós quando somos abalados pelo retorno de nosso passado foracluído e recalcado? Pois bem, o que muda em nós, isto é, a defasagem entre o que éramos antes do acontecimento repetitivo e o que nos tornamos depois, essa defasagem chama-se *sujeito*, mais exatamente "*sujeito do inconsciente*". Resumindo: o *real* é o Mesmo antes, durante e depois da cadeia repetitiva; o cordão inalterável que recebe as diferentes miçangas da cadeia; o *significante* designa cada elo da cadeia significante, isto é, cada acontecimento repetitivo considerado como incidência do inconsciente cujo melhor exemplo é o sintoma; e o *sujeito do inconsciente* é a defasagem entre o que éramos antes da aparição do significante e o que nos tornamos após sua aparição. Temos então o real, invariante da repetição; a *cadeia* significante, da qual cada elo é um *significante* semelhante aos demais; e, por fim, o *sujeito do inconsciente*, efeito produzido por ocasião de cada acontecimento repetitivo. Aos três termos da álgebra lacaniana – significante, cadeia dos significantes e sujeito –, devemos acrescentar um quarto, já mencionado por nós: o *objeto pequeno @*. O objeto pequeno @ é o nome que o real assume quando o localizamos no cerne de cada acontecimento repetitivo – o sintoma – e no cerne da fantasia inconsciente (*Figura 2*, p.68). Em outras palavras, o objeto pequeno @ é o nome do gozo que o sujeito experimenta inconscientemente na cena fantasística e que experimenta conscientemente no sintoma.

A teoria lacaniana da repetição 85

Gostaria de me deter ainda por um instante na cadeia significante, mas antes devo abordar o papel da contagem na repetição. Pois não basta saber que acontecimentos semelhantes se sucedem para daí concluir que há repetição, é preciso que alguém conte. Para afirmar que um sintoma se repete, cumpre voltar-se para o passado e enumerar as reincidências. Em suma, para que a repetição exista, é preciso contar. Quando Raquel me diz: "Isso acontece há muito tempo. Minhas primeiras crises apareceram logo antes dos meus vinte anos; depois esqueci e voltei a encontrá-las na época em que conheci Jerôme; e, desde que estou em Paris, faz um mês, estou novamente muito mal", o que ela faz senão recensear suas aflições? A cada vez, a crise é um pouco diferente, mas o gozo permanece o mesmo: sofrimento, sofrimento, sofrimento...

Para terminar minha leitura do conceito de repetição em Lacan, gostaria primeiro de lembrar os termos da álgebra lacaniana e chegar a uma definição do inconsciente sob a óptica da repetição. A álgebra lacaniana é escrita da seguinte forma: • S_1 indica o significante, isto é, o acontecimento repetitivo presente diante do qual me coloco para deduzir que ele é a primeira malha de uma cadeia repetitiva que começou antes dele e continuará depois dele. • S_2 indica o conjunto dos significantes, isto é, a cadeia dos acontecimentos repetitivos ou cadeia significante. • $barra{S}$ indica o sujeito do inconsciente, isto é, o efeito da ação repetitiva. • E, por fim, $\circleda$ indica o objeto pequeno a que simboliza a presença do Mesmo ou a presença do gozo tanto na cena fantasística quanto no sintoma. Considerados em sua sinergia, esses quatro termos instituem um movimento chamado **automatismo de repetição**. O vocábulo "automatismo" designa o funcionamento mecânico e automático de um inconsciente pulsional, limitado, cujo único objetivo é prosseguir cegamente sua marcha em três tempos: procurar o gozo no passado, reconduzi-lo à superfície e projetá-lo para a frente, com pressa de recomeçar. Mas simplesmente ainda, o inconsciente não tem outro objeto senão avançar se repetindo. Todas essas considerações nos levam a compreender como o inconsciente age. Nossa vida é ritmada pelas irrupções repetitivas do inconsciente. Assim, eu poderia ecoar o célebre aforismo lacaniano segundo o qual "o inconsciente é estruturado como uma linguagem" e propor a fórmula: *o inconsciente é estruturado como um automatismo de repetição*. E, condensando, concluo:

O inconsciente é a repetição!

FIGURA 3
A repetição segundo Lacan

AS QUATRO LEIS DA REPETIÇÃO	• Real (o Mesmo) / Simbólico (o Diferente) • Presença/ausência • O agente humano que conta as repetições (o analista) • O agente humano constituído pela repetição
O QUE SE REPETE?	O que se repete é o gozo foracluído, recalcado e enquistado numa cena fantasiada
NÚMERO DE VEZES QUE O GOZO SE REPETE	Cada reaparição do gozo sob a forma de um sintoma é um significante; e a série das reaparições, a cadeia dos significantes
OBJETIVO DA REPETIÇÃO	• A repetição compulsiva do gozo é um automatismo que não tem outro objetivo senão continuar a se repetir • A repetição não tem objetivo, mas produz um efeito: *o sujeito do inconsciente*

Um exemplo de repetição patológica: Bernardo ou a necessidade incoercível e repetitiva de ser humilhado

Eu gostaria agora de apresentar o caso clínico de Bernardo, que é uma ilustração eloquente da repetição patológica. Esse caso, que Freud teria denominado de "neurose de destino" e que prefiro qualificar de "neurose de repetição compulsiva", é igualmente um exemplo do poder terapêutico da transferência para suprimir uma repetição insuportável.

Bernardo é incapaz de se casar. Esse alto executivo, de 35 anos, veio me consultar após três rompimentos sucessivos de noivado, todos ocorridos apenas poucas horas antes da cerimônia do casamento. Todas as vezes, repetiu-se o mesmo roteiro: invadido pela dúvida, tomado pelo pânico, ele fugiu e deixou todos à espera – noiva, família, convidados e até o juiz. Além dos inúmeros contratempos provocados por essas desconcertantes reviravoltas, Bernardo me consulta sobretudo porque se sente sozinho e desesperado diante da ideia de jamais poder formar uma família. Durante o tratamento, vão se revelar outros dois sintomas também compulsivos, que me levarão a reconstruir gradualmente a cena fantasística inconsciente e nociva que se acha na origem de sua neurose. Antecipo que, graças a essa reconstrução da fantasia, conseguimos, paciente e analista, dar uma significação aos diferentes distúrbios e, dessa forma, preparar, no fim do tratamento, o advento da prova crucial da **revivescência**. Assim, fomos capazes de extinguir a repetição mórbida.

Bernardo já terminou sua análise há alguns anos e, recentemente, tive a satisfação de receber a participação do nascimento de seu segundo filho. Não hesito em afirmar que esse tratamento foi uma análise bem-sucedida com um desfecho favorável. Muito felizmente para nossos pacientes e para nós, analistas, inúmeros tratamentos terminam com êxito após um percurso às vezes longo, às vezes menos longo, não raro difícil, mas sempre apaixonante. Escolhi relatar o caso de Bernardo não apenas porque ele ilustra as duas modalidades da repetição patológica que acabamos de estudar, temporal e tópica, mas também porque mostra em detalhes a ação terapêutica do psicanalista quando se vê confrontado com uma repetição compulsiva.

Para completar o quadro clínico de nosso paciente, esclareço que, além dos sucessivos rompimentos de noivado, ele era vítima de outras duas compulsões que lhe proporcionavam, simultaneamente, prazer e sofrimento. Primeiro, tinha o costume de se masturbar ligando para o serviço de telessexo, no qual uma voz feminina, desdenhosa e insultante, estimulava-o a ficar de quatro com um consolo na mão e imaginar-se espancado, humilhado e sodomizado por uma mulher dominadora. Para ele, esse era o único meio de atingir o orgasmo. Uma vez obtida a descarga, ele desmoronava e logo se arrependia de haver cedido de novo ao desejo irreprimível e abjeto de gozar na humilhação. A segunda prática, também compulsiva, era ir todas as semanas, durante quatro anos, à outra ponta da França, instalar-se na poltrona de um consultório dentário, abrir a boca e aguentar o tratamento cruel ministrado pelo próprio pai, um velho cirurgião-dentista no limiar da aposentadoria.

Com necessidade de romper noivados, necessidade compulsiva de se masturbar aviltando-se e necessidade compulsiva de ser maltratado pelo pai, Bernardo vivia sob a influência de uma droga imaterial chamada "gozo", misto de excitação, volúpia, dor, vergonha e autodesprezo. Ele não conseguia abster-se de procurar esse estado de frêmito de desejo, quando, por exemplo, preparava seu ritual masturbatório e sentia subir a excitação que culminava

Um exemplo de repetição patológica 93

nos insultos telefônicos e logo recaía numa ejaculação decepcionante. Terminado o cerimonial, a excitação transformava-se em profunda autorrepulsa.

Mas por que essa necessidade incoercível e repetitiva de se ver amaldiçoado por suas noivas e suas famílias, achincalhado pela voz do telefone e molestado por um pai sádico? A que senhor invisível e diabólico Bernardo estava submetido? Ele era o escravo de seu gozo porque vivia sob a dominação de uma fantasia inconsciente impelida a exteriorizar-se obstinadamente. Como acabo de dizer, foi a partir dessas três necessidades compulsivas – fugir, masturbar-se e entregar-se ao pai – que fui levado a compreender que a fantasia que enredava Bernardo resumia-se numa única cena infantil na qual ele encarnava todos esses personagens. Uma cena que ele representava incessantemente, à sua revelia e em seu detrimento. Que cena? Impossível lembrar aqui todos os dados desse tratamento. Limito-me a evocar apenas uma recordação penosa que já usei como exemplo de um psicotrauma. Nessa recordação dolorosa, várias vezes descrita em sessão, Bernardo, criança, é testemunha atônita de brigas homéricas durante as quais seu pai xinga e espanca de modo selvagem sua mãe. A partir dessa recordação e das três necessidades compulsivas que detectamos, reconstruí teoricamente uma cena que supus ser a cena inconsciente na origem da neurose de repetição compulsiva de Bernardo. Presumi que o pequeno Bernardo não se limitava a ver seus pais brigando, como na recordação. Na cena reconstruída, o garotinho desempenha ao mesmo tempo todos os papéis, o do carrasco, o da vítima e o da testemunha: ele é, ao mesmo tempo, aquele que bate, aquela que grita e ele mesmo, o espectador perplexo. Bernardo não demora a assimilar ora o sadismo do pai, ora a humilhação da mãe, ora a perplexidade da testemunha; cada um desses sentimentos misturando-se à raiva contra o pai agressivo e à vontade de arrojar-se para defender a mãe.

Afirmei que esse tratamento foi bem-sucedido, uma vez que a série repetitiva felizmente se rompeu. É sempre difícil tratar uma neurose de repetição compulsiva. Portanto, eu gostaria de descrever parte das conversas psíquicas entre analista e paciente que operaram a favor da cura. Para começar, um pré-requisito: convém entender que, para pôr um fim ao encadeamento repetitivo, é preciso, antes de tudo, que a relação analítica seja o teatro experimental de uma nova neurose que inclui o analista, a chamada "neurose de transferência". Com efeito, se o paciente se apega fortemente, neuroticamente, a seu analista a ponto de amá-lo – não sem ambivalência – como amou um de seus pais, ele se torna então disponível e receptivo às intervenções do terapeuta. Isso faz com que também o analista se sinta mais confiante e mais próximo de seu paciente. Essa confiança recíproca instala o analista nas melhores condições subjetivas para operar uma singular identificação que lhe permitirá não apenas reconstruir intelectualmente a cena fantasística, como também percebê-la emocionalmente. Logo, identifiquei-me com o pequeno Bernardo e senti o mesmo gozo traumático, feito de perplexidade, sadismo, humilhação e revolta, vivido pela criança transtornada ante a violência da cena. Eu gostaria de ser claro. Não me identifiquei com meu paciente adulto, deitado no divã. É óbvio que fiquei sensibilizado com as emoções que perpassavam sua fala, mas não eram essas emoções conscientes que eu procurava reviver. Não, quando a identificação com o pequeno Bernardo se produziu, o psicanalista identificou-se com uma criatura imaginária que ele forjou em seu espírito e sentiu o que ela sentiria se estivesse viva. E o que sentiria ela senão ao mesmo tempo a fúria do pai, o aviltamento da mãe e a perplexidade do espectador da cena? Naturalmente, essa criança imaginária não é em absoluto um devaneio nascido na nebulosa da atenção flutuante, mas, muito pelo contrário, o desfecho de uma escuta extremamente concentrada, alimentada

Um exemplo de repetição patológica

pelo conhecimento da pessoa do paciente, de sua história, de suas resistências e de seus sofrimentos.

Munido dessa identificação, pude então mostrar a meu analisando, no momento em que ele podia ouvir, que seus distúrbios compulsivos de hoje resultavam da ação tóxica da mencionada cena fantasística encerrada em seu inconsciente. Um exemplo de minhas intervenções. Revelei a Bernardo que masturbar-se sendo xingado era uma maneira de reviver a humilhação de sua mãe ao sofrer os golpes de seu pai. Ao ficar de quatro e introduzir o consolo no ânus, ele ocupava o lugar da mãe humilhada; ao passo que a voz dominadora e insultante do telefone – a despeito de ser a de uma mulher – traduzia o desprezo degradante do pai. Assim interpretada, inúmeras vezes interpretada, a cena fantasística inconsciente tornou-se pouco a pouco uma cena conscientizada. Da recordação penosa passamos à cena fantasística inconsciente e, desta, à cena conscientizada. Acabo de escrever "inúmeras vezes interpretada" e já ouço a objeção formulada por alguns pacientes nossos, quando se queixam de que sua análise "está girando em círculo". Mas é fundamental girar em círculo! É preciso retomar os mesmos temas, considerados a cada vez de maneira diferente, reencontrar as mesmas questões, e isso até achar uma saída! No fundo, cada paciente, cada um de nós, gravita em torno de duas ou três feridas, em geral abertas na infância ou na adolescência, que se transformaram em espinhos no coração. À análise, portanto, só resta retornar incansavelmente às nossas cegueiras e aos nossos machucados de sempre. Eu então dizia que não devemos hesitar em interpretar numerosas vezes a mesma cena inconsciente e tentar progressivamente que ela seja conscientizada pelo analisando. Só assim veremos a repetição compulsiva aplacar-se e ceder lugar a outra forma de repetição, dessa vez sadia: a revivescência do gozo da cena traumática. Eis a experiência mais fecunda e delicada de um tratamento de análise que também chamo de tomada de consciência emocional. Foi assim que Bernardo viveu sessões pungentes, nas quais reencontrava, em minha presença, o gozo de sua fantasia. Mas antes de definir essa experiência eminentemente terapêutica que é a revivescência, eu gostaria de me demorar ainda um instante na interpretação do psicanalista, sem a qual a mencionada revivescência não poderia advir. Um dos erros que os jovens terapeutas costumam cometer é acreditar que basta explicar ao paciente o que ele não compreendeu para obter o alívio de seu sofrimento. O terapeuta iniciante pensa erradamente que a essência da psicanálise consiste em transmitir ao paciente um saber consciente. De forma alguma! O essencial não está na transmissão de um saber, ainda que este seja o mais pertinente, mas na maneira de transmiti-lo. O essencial é suscitar a emoção num paciente que recebe a fala do analista como se ela fosse a sua, como se ele se dirigisse a si mesmo, como se o seu consciente recebesse a mensagem do próprio inconsciente. Para tornar possível esse efeito de verdade, entretanto, é preciso que o terapeuta – embora dissociado entre a vida pessoal e a vida profissional – seja pessoalmente tomado pela emoção e enuncie palavras simples e emocionantes. Essas palavras são as únicas a permitir que a resistência do eu do paciente se enfraqueça e seu gozo inconsciente abra um caminho direto rumo à consciência. Esse instante, em que a fala emocionada do analista é recebida por um silêncio também emocionado do analisando, constitui um dos acontecimentos privilegiados de um tratamento analítico.

Acontecimento que anuncia o advento próximo da prova da revivescência, da qual falaremos agora.

Tratamento psicanalítico da repetição patológica por meio da revivescência

É chegado o momento de abordar essa outra instância da repetição que é a revivescência. No início, distingui três modos de retorno do passado: o retorno consciente, ou rememoração, o retorno agido em atos sadios e o retorno agido em atos patológicos. Ora, ainda existe outra modalidade de atualização do recalcado inconsciente, não mais compulsiva, mas longamente preparada e esperada pelo terapeuta, a saber, a revivescência do gozo traumático, uma revivescência induzida pelo psicanalista e condicionada pela transferência. É exatamente a experiência vivida por Bernardo quando, após inúmeras interpretações descontraírem seu eu e tornarem fluido seu diálogo consigo mesmo, sentiu, ao longo de um número limitado de sessões intensas e às vezes dolorosas, o gozo até então não sentido, característico de sua fantasia de humilhação. Ora, o objetivo terapêutico de uma análise é **desvitalizar a fantasia infantil nociva** ou, se preferirem, **dissolver gradualmente o gozo compulsivo**. Como procedemos? Dando três passos decisivos. Se esses passos forem dados, poderemos estar certos de que o tratamento caminhará positivamente para seu término.

Primeiro passo: levamos o paciente a representar a situação traumática inconsciente na cena analítica. Dessa forma, ele entra no estado de revivescência, em que o analisando percebe em si mesmo o gozo inerente à sua fantasia inconsciente. Como vimos com o exemplo de Bernardo, não se trata de uma simples rememoração; estimular a **revivescência da emoção** antiga é bem diferente de estimular a **evocação de uma recordação** penosa. Uma coisa é a *revivescência*, quando o paciente experimenta de modo vivo, fisicamente, o gozo da fantasia – um gozo que até esse momento ele nunca sentira conscientemente; outra é ser afetado pela evocação de um acontecimento doloroso. Lembro que **a revivescência não é uma experiência súbita** que se realiza de uma só vez; ela se produz ao longo de sucessivas sessões, após um tempo de preparação analítica. Afinal, o que significa concretamente sentir o gozo de sua fantasia? A revivescência não é apenas a irrupção de um sentimento, é também a consciência de ser afetada por esse sentimento. Convém ao mesmo tempo **sentir** e ter **consciência de sentir, dissociar-se entre aquele que revive o trauma e aquele que se vê revivendo o trauma.** Esse momento de autopercepção do analisando pede, da parte do psicanalista, uma contenção que o transforma na testemunha silenciosa de uma verdadeira revelação íntima, graças à qual seu paciente descobre as sensações e sentimentos experimentados pelos personagens de sua fantasia. Retornando sobre si mesmo, o analisando é então arrebatado por um estranho espanto de existir.

Quando transpõem essa etapa conturbada de reviver a emoção recalcada, analisando e analista partilham um encontro humano excepcional. Entretanto, a travessia desses momentos privilegiados não basta para aliviar de forma duradoura o paciente de sua fantasia mórbida. Também é necessário que ela seja acompanhada de uma fala capaz de dar um sentido a esse retorno do passado soterrado. Agora que o recalcado ressurgiu com toda a sua carga emocional, urgem palavras que o nomeiem e inscrevam numa história, palavras enunciadas pelo analista e às vezes pelo próprio paciente. Mas pouco importa quem as enuncie, o essencial é compreender que, conseguindo nomear a emoção dolorosa que acaba de renascer, ela saberá integrar-se no eu do sujeito e, com o tempo, nele se dissipar.

Segundo passo: o analisando familiariza-se pouco a pouco com a situação traumática passada. Por conseguinte, passa a ter um *insight* agudo de seus comportamentos atuais.

Tratamento psicanalítico da repetição patológica 101

Terceiro e último passo. A exemplo do trabalho de luto em que o enlutado se separa paulatinamente do ente amado e perdido, as revivescências repetidas conduzem o analisando a desidentificar-se com os personagens de sua fantasia e a separar-se das emoções vividas por esses personagens. No luto, o enlutado se separa do objeto amado e perdido; na revivescência, o analisando se separa de um gozo tóxico que o alienava.

*

Para concluir o tema da revivescência, eu gostaria de definir a posição do psicanalista em relação ao eu inconsciente, que recalca, e ao isso inconsciente, que, ao contrário, lança todas as suas forças para a frente a fim de conseguir reviver o gozo num comportamento compulsivo e imprevisível. Assim, eu distinguiria a atitude do **isso**, do **eu** e do **psicanalista**.

Diante de um psicotrauma infantil, eis as suas respectivas reações:

- O ⬚isso⬚ só tem um objetivo: fazer de tudo para levar o gozo traumático à luz do dia, para que ele vibre num corpo de adulto e exploda numa ação impulsiva.
- Ao contrário, o ⬚eu⬚, que não quer mais sofrer novamente, nada quer saber do horrível trauma, nem em recordação nem em ato. Recalca-o desesperadamente.
- Por fim, o ⬚psicanalista⬚, que estimula que o isso promova o gozo traumático, não numa ação violenta e compulsiva, mas à maneira de uma revivescência progressiva, serena e verbalizada; e, no mesmo espírito de fazer avançar o tratamento, ele gostaria igualmente que o eu fosse menos suscetível e não temesse lembrar-se do trauma. Para o psicanalista, a ação selvagem do isso é uma resistência, assim como a resistência feroz do eu.

O **recalcamento** é obra do **eu** porque ele receia rememorar o trauma; ao passo que a **compulsão de repetição** é obra do **isso** porque ele provou do trauma e quer mais dele! Em suma, o recalcamento é um *"Não quero saber de nada!"*, enquanto a repetição é um *"Quero mais!"*.

*

Eu gostaria de concluir este último capítulo com duas vozes antigas que vibram em uníssono e nos dirigem a mesma mensagem. A primeira é uma voz imemorial, que nos ensina que o passado nunca morre a despeito do desgaste do tempo e pode sempre renascer. *"Justas ou injustas, as coisas acontecidas jamais serão destruídas. Nem o tempo, pai universal, seria capaz de impedi-las de terem sido e de renascerem."*

A outra voz, mais próxima de nós, responde em eco e acrescenta que o passado não só está sempre aí, indelével, como é ativo em nós. Enquanto formos vivos, ele nunca deixará de aflorar em nossa consciência e em nossos atos: *"Nada na vida se perde, nada desaparece do que se formou, tudo é conservado... e pode ressurgir."*

A primeira sentença emana de um velho pensador que vivia em Tebas cinco séculos antes de nossa era, é a voz de Píndaro, mestre incomparável da poesia universal. A segunda, vocês a reconheceram, é a voz desse outro mestre, mais presente do que nunca entre nós, Sigmund Freud. A mais de dois milênios de distância entre si, essas vozes nos entregam uma mesma verdade: *tudo que é vital para nós hoje repete o que já foi.* Essa verdade é a primeira divisa que deve orientar nosso espírito de terapeuta quando ouvimos um paciente expressar para nós o seu mal-estar. Escutando sua queixa, sabemos espontaneamente que o que ele vive hoje é obrigatoriamente a repetição do que viveu ontem.

FIGURA 4

Quadro recapitulativo: ◊ A repetição sadia ◊ A repetição patológica ◊ A revivescência terapêutica

	REPETIÇÃO SADIA	REPETIÇÃO PATOLÓGICA COMPULSIVA	REVIVESCÊNCIA TERAPÊUTICA
AS TRÊS LEIS DA REPETIÇÃO	• O mesmo/o diferente • Presença/ausência • O agente humano que conta as repetições	• O mesmo/o diferente • Presença/ausência • O agente humano que conta as repetições	A revivescência é o retorno do gozo traumático, ao longo do tratamento, sob a forma de uma emoção intensa sentida por um analisando capaz de se dissociar entre o que revive o trauma e o que se vê revivendo o trauma
OS EFEITOS DA REPETIÇÃO	Efeitos benéficos • Autopreservação • Autodesenvolvimento • Consolidação da identidade ao longo do tempo	Patologias da repetição • Repetições inexplicáveis de nossos erros e fracassos • Necessidade imperiosa de representar incessantemente uma experiência traumática infantil de maneira inconsciente • O homem que multiplica os rompimentos amorosos por não encontrar a mulher ideal (sua mãe) • Transtornos obsessivos compulsivos (toc) • Comportamentos de dependência (drogas, jogos, bulimia, perversões sexuais, delinquência)	

	REPETIÇÃO SADIA	REPETIÇÃO PATOLÓGICA COMPULSIVA	REVIVESCÊNCIA TERAPÊUTICA
O RETORNO DO PASSADO NO PRESENTE	• A rememoração é o retorno à consciência de um passado esquecido • A repetição sadia é o retorno em nossos comportamentos de um passado recalcado • O inconsciente, nesse caso, é uma força de vida que expande o nosso ser	A repetição patológica é o retorno compulsivo em nossos sintomas e passagens ao ato de um passado traumático, foracluído e recalcado * O inconsciente é, nesse caso, uma força de morte que impele o sujeito a querer sentir incessantemente o mesmo gozo voluptuoso e doloroso do trauma	A revivescência não é uma experiência súbita que se dá de uma só vez, ela se produz ao longo de sucessivas sessões e após uma fase de preparação analítica. A revivescência indica que o processo de cura está encaminhado.
O QUE SE REPETE?	O que se repete é o nosso passado conturbado e recalcado	O que se repete é o gozo traumático enquistado numa cena fantasística inconsciente	
QUAL É O MOTOR DA REPETIÇÃO?	O motor da repetição é a pulsão. Em vez de procurar aliviar sua tensão e obter prazer, a pulsão prefere conservá-la e fazer com o que o gozo se repita incansavelmente		

EXCERTOS DAS OBRAS
DE FREUD E LACAN
SOBRE A REPETIÇÃO,
PRECEDIDOS DE
NOSSOS COMENTÁRIOS

*Os títulos e os comentários que apresentam os excertos,
bem como os destaques, são de J.-D. Nasio*

SIGMUND FREUD

Voltamos sempre a nossos primeiros amores

O amor de hoje é sempre a repetição do protótipo do primeiro amor infantil com a mãe. Amar é invariavelmente amar pela segunda vez. Entretanto, não simplifiquemos demais: o amor nunca é uma simples repetição do amor pela mãe. Incontáveis acontecimentos psíquicos ocorridos após o nosso nascimento tornaram nosso amor de adulto complexo, único e misterioso.

"Voltamos sempre aos nossos primeiros amores, essa é a pura verdade."[1]

*

"Não é sem boas razões que a figura da criança que mama no seio da mãe tornou-se o modelo de toda relação amorosa. **A descoberta do objeto é, de fato, uma redescoberta**."[2]

*

O amor, sendo a reedição de um primeiro amor infantil, é marcado pela compulsão, característica de tudo que emana do in-

consciente. Com efeito, estou convencido de que o amor é uma pulsão imperiosa e de que não podemos não amar. Amar é uma necessidade vital que deve satisfazer-se continuamente com um objeto, seja este um ser humano, um animal, um ideal, ou nós mesmos. O importante é amar!

"O estado amoroso é apenas uma **reedição** de traços antigos, uma **repetição** das reações infantis. Mas essa é a característica de todo estado amoroso, não existindo um que não tenha seu protótipo na infância. O fator determinante infantil **confere** justamente **ao estado amoroso seu caráter compulsivo** e beirando o patológico."[3]

*

Na vida, há dois tipos de repetição: uma repetição sadia, controlável, que nos estrutura e reconforta; e uma repetição patológica, incontrolável, que nos faz sofrer

A repetição pode nos proporcionar prazer (por exemplo, a criança fica feliz sempre que reencontra seu brinquedo favorito), ou nos fazer sofrer (por exemplo, o indivíduo que sempre fracassa da mesma forma). A repetição é sadia quando controlável e patológica quando compulsiva e incontrolável.

"A criança nunca se cansa, até que o adulto, esgotado, se recusa a lhe pedir que repita uma brincadeira que ela lhe mostrou ou que inventaram juntos; e quando lhe contam uma bela história, é sempre a mesma que ela quer ouvir ao invés de uma nova; ela se atém inflexivelmente à identidade da repetição. Não existe aí contradição ao princípio de prazer; é evidente que **repetir, encontrar a identidade, constitui, em si, uma fonte de prazer.** Em contrapartida, no analisando, surge claramente que a **compulsão**

Excertos das obras de Freud e Lacan sobre a repetição   109

a repetir na transferência os acontecimentos da infância se põe do lado de fora e acima do princípio de prazer."[4]

*

A irrupção súbita e compulsiva do recalcado nos faz sofrer (sintoma), mas é igualmente uma descarga de tensão que nos alivia. É ao mesmo tempo um sofrimento para o eu consciente e um alívio para o isso consciente. Essa aparente contradição desaparece com o conceito lacaniano de gozo, uma vez que o gozo é dor e prazer simultâneos.

"A maior parte das experiências que a compulsão de repetição faz reviver não pode senão proporcionar desprazer ao eu, uma vez que essa compulsão faz com que moções pulsionais recalcadas se manifestem e atualizem; mas trata-se de um desprazer que não contradiz o princípio de prazer, **desprazer para um sistema** [o eu] e ao mesmo tempo **satisfação para outro** [o inconsciente]."[5]

*

A fatalidade que parece perseguir determinadas pessoas levou Freud a propor o conceito de compulsão de repetição

Após inúmeros fracassos, o sujeito julga-se vítima da fatalidade, quando, na verdade, é ele mesmo que, em toda a inocência, provoca repetitivamente esses sucessivos infortúnios. Esse sujeito ignora que, a cada golpe do destino, ele representa compulsivamente uma antiga fantasia infantil sob a forma de um comportamento de fracasso.

"Alguns indivíduos passam a impressão de serem perseguidos pelo destino, de que uma força demoníaca guia sua existência, e desde o início a psicanálise sustentou que, para a grande maioria, tal destino era **preparado pelo próprio sujeito.**"[6]

*

"Há indivíduos que, ao longo de toda a vida, repetem, em seu prejuízo, as mesmas reações daninhas sem corrigi-las, ou que parecem, por sua vez, perseguidas por um destino implacável, ao passo que um exame preciso nos mostra que, sem saber, elas são os autores inconscientes do próprio infortúnio. Atribuímos então à **compulsão de repetição** o caráter *demoníaco.*"[7]

*

A transferência é um exemplo de repetição em ato na qual o recalcado se exterioriza sob a forma de um comportamento do analisando com relação ao psicanalista

Um acontecimento esquecido pode aflorar à consciência sob a forma de uma recordação. No caso de o acontecimento ter sido mais que esquecido, quer dizer, energicamente recalcado, ele ressurge sob a forma de uma emoção ou de um comportamento que o sujeito ignora estar atualizando seu recalcado. Em vez de se lembrar, ele age sobre seu passado recalcado.

Na citação a seguir, Freud utiliza indistintamente os termos "esquecido" e "recalcado". Entretanto, julgamos preferível estabelecer uma distinção. Enquanto o acontecimento **esquecido** *remonta do pré-consciente para a consciência, o acontecimento* **recalcado,** *tendo sofrido forte pressão da censura, brota do inconsciente e assume a forma de uma ação. A consciência não oferece resistência ao retorno do* **esquecido,** *ao passo que se opõe tenazmente ao retorno do* **recalcado.**

Excertos das obras de Freud e Lacan sobre a repetição

"Podemos dizer que aqui [no seio da relação transferencial], o analisando *não tem nenhuma lembrança* do que esqueceu ou recalcou e só faz *traduzi-lo em atos*. **Não é sob a forma de recordação que o fato esquecido reaparece, mas sob a forma de ação.** O analisando *repete* esse ato sem saber, evidentemente, que se trata de uma repetição."[8]

*

"O doente não pode recordar-se de tudo que está recalcado nele nem, talvez, precisamente, do essencial. Na realidade, ele é obrigado a *repetir* o recalcado como experiência vivida no presente [da relação transferencial], no lugar de *rememorá-lo* como um fragmento do passado, o que o médico preferirira."[9]

*

Freud nos propõe dois exemplos da transferência considerada como uma repetição em ato do recalcado. Primeiro exemplo: um paciente mostra-se insolente com o analista no lugar de se lembrar que havia sido uma criança insolente com seus pais. Segundo exemplo: um paciente declara ao analista que não tem nada a dizer, no lugar de se lembrar que, criança, quisera seduzir o pai mostrando-se submisso e silencioso. Nesses dois exemplos, o paciente não rememora o fato recalcado, mas o atualiza na cena da análise. É isso a repetição agida!

"Vamos a um exemplo: o analisando não diz que se lembra de ter sido insolente diante da autoridade parental, de lhe haver manifestado sua incredulidade, mas se comporta dessa maneira diante do médico." Segundo exemplo: "Quando estimulamos um paciente a contar tudo o que pensa e esperamos dele uma verdadeira torrente de informações, constatamos quase sempre que ele não tem nada a dizer. Ele permanece silencioso e declara que nada lhe vem à cabeça. Nesse caso, naturalmente, trata-se simplesmente da **repetição** de uma atitude homossexual que assume a forma de uma resistência contra o surgimento dessa recordação. Enquanto ele continuar seu tratamento, não conseguirá se liberar dessa **compulsão de repetição**; terminamos por compreender que reside aí [em seu comportamento] sua maneira de recordar.

"Não demoramos a observar que a transferência em si não passa de um **fragmento de repetição** e que a **repetição é a transferência do passado esquecido.**"[10]

*

A transferência pode deter a compulsão de repetição e transformá-la em recordação

O apego do analisando a seu psicanalista deve-se a uma transferência de sentimentos para a pessoa do terapeuta (repetição em ato). O terapeuta, por sua vez, usa essa transferência para fazer com que o analisando <u>reviva repetitivamente</u> *o gozo sentido por ocasião do trauma infantil.*

"É no manejo da transferência que encontramos o principal meio de **domar a compulsão de repetição** e transformá-la num motivo de recordação. Tornamos essa compulsão inofensiva, até mesmo útil, limitando seus direitos, não a deixando subsistir senão num domínio circunscrito. Nós lhe permitimos o acesso da transferência, essa espécie de arena, onde lhe será possível manifestar-se numa liberdade quase plena e onde lhe pedimos para nos revelar todas as pulsões patogênicas que se dissimulam na vida psíquica do analisando."[11]

*

Excertos das obras de Freud e Lacan sobre a repetição

A revivescência repetida do gozo traumático termina por dissolvê-lo e permite ao analisando ter um *insight* mais agudo de sua situação atual. Analogamente, a revivescência repetida equivale a um trabalho de luto.

"Uma recordação destituída de carga afetiva é quase sempre ineficaz. É preciso que o processo psíquico original se repita com a maior intensidade [emocional] possível, que ele seja formulado *in statumnascendi*, e depois verbalmente exprimido."[12]

*

"**Com efeito, a análise divide-se em duas fases** claramente distintas. Na **primeira fase**, o médico recolhe do paciente os conhecimentos necessários, em seguida informa-lhe os pressupostos e postulados da análise e desenvolve diante dele a construção da gênese de sua doença, à qual se julga autorizado com base no material surgido em análise. Na **segunda fase**, o paciente apoderase do material colocado à sua disposição, trabalha-o, recorda o que é possível recordar em meio ao que nele apresenta como recalcado. Quanto ao resto, procura repeti-lo numa espécie de **revivescência.**"[13]

*

O princípio de repetição é mais forte
que o princípio de prazer

Existe uma força na vida psíquica mais poderosa do que nossa tendência a procurar o prazer e evitar o desprazer. Essa força chama-se compulsão de repetir. A irrupção do recalcado que procura se exteriorizar num sintoma ou numa ação, e isso repetitivamente, é uma força mais irresistível do que a busca do prazer.

"Existe efetivamente na vida psíquica uma compulsão de repetição que se coloca acima do princípio de prazer."[14]

*

"A compulsão de repetição afigura-se mais originária, elementar e pulsional do que o princípio de prazer que ela descarta."[15]

*

O objetivo principal de uma pulsão é retroceder
para trazer ao presente o passado conturbado

A grande descoberta de Freud, em 1920, que marcou uma guinada decisiva em sua obra, foi compreender que o objetivo de uma pulsão não é tanto procurar o prazer, mas retornar a um estado antigo e conturbado, trazê-lo ao presente e restaurá-lo. Se fôssemos imaginar o trajeto de uma pulsão, desenharíamos uma flecha que se projeta para a frente, recua para capturar o estado alterado e, assim carregada, retoma seu avanço. Indefinidamente...

"[As pulsões] revelam-se um esforço para **restaurar um estado anterior**. Podemos supor que, a partir do momento em que esse estado, uma vez atingido, foi perturbado, forma-se uma pulsão a fim de recriá-lo, a qual produz fenômenos que podemos designar como *compulsão de repetição*."[16]

*

Excertos das obras de Freud e Lacan sobre a repetição

"As pulsões orgânicas são conservadoras, adquiridas historicamente, dirigidas para a regressão e o **restabelecimento de alguma coisa anterior.**"[17]

*

"Mas qual a natureza da relação entre o pulsional e a compulsão de repetição? Uma **pulsão seria um impulso inerente ao organismo vivo na direção do restabelecimento de um estado anterior** que esse ser vivo foi obrigado a abandonar sob a influência perturbadora de forças exteriores; ela [a pulsão] seria **uma espécie de elasticidade** orgânica."[18]

*

"A **pulsão** ali é concebida de uma maneira geral como **uma espécie de elasticidade** do vivo, uma tendência que leva a **restaurar uma situação que existira outrora** e fora suprimida por uma perturbação externa. Essa natureza essencialmente conservadora das pulsões é esclarecida pelos fenômenos da *compulsão de repetição.*"[19]

*

Qual é o objeto que se repete?

O objeto que se repete é uma fantasia infantil energizada por um gozo foracluído e recalcado, uma fantasia isolada no seio do inconsciente e pressionada a explodir as comportas da censura para irromper na vida do sujeito sob a forma de um sintoma, um comportamento conflituoso ou uma escolha infeliz.

"Acabamos de dizer que o analisando repete no lugar de se lembrar, e isso nas condições da resistência. Mas o que exatamente ele repete ou põe em ação? Pois bem, ele repete tudo o que, emanado das fontes do recalcado [a **fantasia**], já impregna a sua personalidade."[20]

*

Enquanto não foi simbolizado e integrado no eu, o gozo surge compulsivamente

Todo gozo foracluído e recalcado, isolado e à deriva no seio do inconsciente, quer exteriorizar-se compulsivamente na vida do sujeito sob a forma de uma ação ou sintoma, por exemplo. Em outros termos: toda repetição compulsiva é seguramente desencadeada por um gozo que anseia por se fazer ouvir. Como se o gozo não simbolizado, não ligado a uma representação, fosse um cavalo furioso que apenas uma fala oportuna do analista pudesse acalmar. A partir do momento em que o terapeuta encontra uma significação para o sintoma, isto é, revela a seu analisando a cena fantasística cuja expressão é o sintoma, o gozo integra-se no eu, se acalma, para de se repetir e o sintoma desaparece.

"O recalcado [a cena traumática fantasística] é agora colocado **fora da lei**, **excluído** da grande organização do eu, subordinando-se desde então apenas às leis que regem o domínio do inconsciente [as da compulsão de repetição]."[21]

*

Aquele que não conhece seu passado está condenado a vê-lo retornar sob a forma de um comportamento impulsivo ou de um fracasso

Eis uma passagem em que Freud enuncia um dos princípios mais importantes da psicanálise: a pessoa que não conhece a origem

de seu sofrimento está condenada a vê-lo repetir-se. E vice-versa: conhecer a origem de seu sofrimento é o único remédio para impedir sua repetição. Não posso deixar de lembrar aqui uma frase de Spinoza muito próxima dessa tese: "Um sentimento, que é uma paixão, deixa de ser paixão tão logo dele formamos uma ideia clara e distinta." (Ética, Quinta parte, Proposição III). *Psicanaliticamente falando, eu teria dito: o gozo patogênico deixa de sê-lo tão logo o revivamos repetitivamente, qual um trabalho de luto e no âmbito da transferência. Dito isso, o princípio freudiano em questão e que podemos ler na próxima citação pode ser assim resumido:* o que não foi interpretado e permanece desconhecido sempre retorna.

Observemos, além disso, que nas primeiras linhas do trecho citado Freud estabelece uma distinção muito útil para escutarmos melhor nossos pacientes: uma coisa é escutar simplesmente o relato de um sonho, outra é interpretá-lo, isto é, revelar ao paciente o desejo inconsciente que o gerou.

"Infelizmente o pai de Hans não conseguiu interpretar essas fantasias [trata-se, no caso, das fantasias conscientes contadas pelo garotinho a seu pai]; logo, Hans não extrai nenhum benefício de tê-las contado." E Freud acrescenta que a ausência de interpretação dá livre curso à repetição: "**o que permaneceu incompreendido retorna sempre**, feito alma penada, até que sejam encontradas solução e liberação."[22]

*

Por que não conseguimos esquecer definitivamente o acontecimento traumático? Por que ele insiste em retornar obstinadamente durante nosso sono e nos angustiar?

Eis a resposta de Freud: o trauma reaparece nos pesadelos para nos permitir sentir a angústia que esteve ausente por ocasião do incidente traumático. Se houve trauma, é efetivamente porque o sujeito, em vez de angustiado, ficou paralisado de pavor, atônito. Querer reviver o trauma, portanto, é procurar substituir o pavor paralisante de ontem pela angústia de hoje, a atitude passiva da vítima de ontem pela atitude ativa do angustiado de hoje. Como se o traumatizado reproduzisse incansavelmente a cena traumática para completá-la, retificá-la e controlá-la.

"A repetição da cena traumática é uma tentativa do eu de controlar ativamente o que foi vivido passivamente."[23]

*

"Por seu caráter repetitivo, os sonhos [os pesadelos representando a cena traumática] têm como objetivo o **controle retroativo** da excitação sob o desenvolvimento de angústia, essa angústia cuja omissão foi a causa da neurose traumática."[24]

*

Distinguimos duas modalidades de funcionamento da repetição patológica: uma repetição temporal e uma repetição tópica. Na repetição temporal, o sintoma repete-se diversas vezes na linha do tempo; na repetição tópica, o sintoma repete e exterioriza a fantasia inconsciente.

"Quando os filósofos [Kant] afirmam que as noções de tempo e espaço são as formas necessárias do nosso pensamento, uma intuição nos diz que o indivíduo controla o mundo com a ajuda de dois sistemas, um dos quais funciona apenas num modo exclusivamente temporal, e o outro num modo exclusivamente espacial."[25]

*

A neurose na criança [o complexo de Édipo] não raro passa des-
percebida e só é descoberta bem mais tarde, no adulto, sob a
forma de uma nova neurose. Na verdade, toda neurose de adulto
repete uma neurose infantil.

"Quando uma neurose irrompe na vida adulta, a análise geralmente revela que ela não passa da série direta [a repetição] de uma
neurose infantil, que, na época, talvez só haja se manifestado sob
um aspecto velado, no estado de esboço."[26]

JACQUES LACAN

Para Lacan, o homem não é agente
da repetição, e sim seu produto

Lacan formalizou a noção freudiana de automatismo de repe-
tição (ou compulsão de repetição) graças ao conceito de cadeia
significante: cada elo da cadeia representa uma ocorrência re-
petitiva. Assim, a repetição é uma série de significantes, uma
insistência da cadeia significante em dizer o real indizível.

"Nossa investigação levou-nos ao ponto de reconhecer que o automatismo de repetição (*Wiederholungszwang*) extrai seu princípio
do que havíamos chamado de **insistência** da cadeia significante."[27]

*

A exemplo de um sintoma reincidente, o significante repete-se
de acordo com um ritmo alternado de aparições e reaparições.
"... o significante só se sustenta num **deslocamento** comparável
ao de nossas faixas de letreiros luminosos ... e isso em razão de

seu funcionamento alternante por princípio, que exige que ele deixe seu lugar, nem que seja para retornar a este circularmente. Isso é justamente o que acontece no automatismo de repetição."[28]

*

O automatismo de repetição determina não apenas a subjetividade de um sujeito, como também a intersubjetividade entre vários sujeitos; por exemplo, no seio de uma família, entre um pai e sua filha, ou ainda entre um avô e o neto. É o que chamamos de <u>repetição transgeracional</u>.

"... o **deslocamento do significante** determina os sujeitos em seus atos, seu destino, suas recusas, suas cegueiras e sua sorte ... ."[29]

*

"... o sujeito segue o veio do simbólico, mas isso cuja ilustração vocês têm aqui é ainda mais impressionante: não é apenas o sujeito, mas os sujeitos, tomados em sua **intersubjetividade**, que se alinham na fila ... e que, mais dóceis que carneiros, modelam seu próprio ser segundo o momento da cadeia significante que os está percorrendo."[30]

*

O inconsciente é estruturado como um automatismo de repetição.

"Apreendemos aquilo pelo que aparece a ordem do inconsciente. A que se refere Freud? Qual é seu avalista? É o que ele chega a resolver, num segundo tempo, elaborando a função da repetição."[31]

*

Por trás de um sintoma que se repete, há uma fantasia que se atualiza; e, por trás da fantasia, há o real. No começo era o real. Usando a terminologia do nosso livro, eu diria: por trás de um sintoma que se repete, há uma fantasia que se atualiza; e, enquistado na fantasia, fervilha o gozo traumático, núcleo do real. No começo, era o real do gozo traumático.

*

"Lembrem-se do desenvolvimento, tão central para nós, do *Homem dos Lobos*, para compreender qual é a verdadeira ocupação de Freud à medida que se destaca para ele a função da fantasia. Ele se empenha, e de modo quase angustiado, em interrogar qual é o encontro **primeiro**, o real, que podemos afirmar haver por trás da fantasia."[32]

*

"... a fantasia nunca é mais do que a tela que dissimula algo de absolutamente **primeiro**, de determinante na função da repetição ..."[33]

J.-D. NASIO

Não há repetição sem uma consciência que conte o número de vezes que um acontecimento se repete

Eis um trecho da Introdução à topologia de Lacan, *livro em que chamo a atenção para a necessidade de uma consciência que enumere as sucessivas ocorrências da repetição.*

"A unidade mínima do movimento repetitivo está dada por um vetor de orientação *progressiva* e outro de orientação *retroativa*.

O vetor progressivo **A** → **B** mostra os dois estados de um acontecimento – antes de se repetir: em **A**; e quando ele se repete: em **B** (ver *Figura 1*, abaixo). Ora, nada nos autoriza a falar de repetição se não introduzirmos um terceiro elemento trivial, mas decisivo: o simples fato de **contar**. Se não contamos um antes e um depois, ou melhor, uma primeira, uma segunda e uma enésima vez, jamais haverá repetição. Em outras palavras, o estado do acontecimento antes de ser repetido se torna o estado repetido com a condição de haver uma contagem e alguém que conte, entendendo-se que essa contagem só se verifica uma vez cumprida a repetição em **B**. Antes da repetição, e por conseguinte antes de contar, **A** não existia; **A** só será primeiro se um segundo, **B**, o repetir. Devemos, portanto, traçar o vetor **BA** de orientação retroativa e, dessa forma, significar que **B** consagra **A** como acontecimento original. Esse primeiro laço esquematiza simplesmente o movimento que conhecemos pelo termo ***só-depois*** [*après-coup*]. O **A** só se torna primeiro *a posteriori*, depois de termos contado **B** como sua repetição.

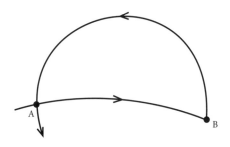

FIGURA 1
Esquema do *só-depois* [*après-coup*]

Se agora olharmos a *Figura 2*, ao lado, o laço grande englobando o pequeno representa a própria operação de contar ou, mais precisamente, o elemento que torna possível o cálculo, qual seja, o traço de escrita. Contudo, esse elemento – o traço do escrito –,

Excertos das obras de Freud e Lacan sobre a repetição

indispensável para a constituição de uma série de números, não é, ele mesmo, redutível a um número. Ele se situa fora da série ou, se quiserem, fora da sucessão repetitiva. É na qualidade de elemento exterior que ele leva o nome dado por Lacan de **Um a mais**.

Dissemos que no horizonte da conta há sempre alguém que conta e calcula. Mas conta e calcula sem poder contar a si próprio. A radical impotência do ser que fala e goza é a de não poder se reconhecer nas sucessivas repetições. O sujeito conta, mas não se conta, ou melhor, é contado como um sujeito *a menos*. A volta final dessa dupla curva que tem a forma de um oito interior significa que a repetição se realizou e dá lugar ao nascimento de um sujeito novo que acabamos de qualificar de sujeito *a menos*. O ponto **C** da *Figura 2* marca, portanto, três aspectos: o encerramento do movimento de repetição, o encerramento da operação de contagem e o surgimento de um sujeito novo, o sujeito do inconsciente."[34]

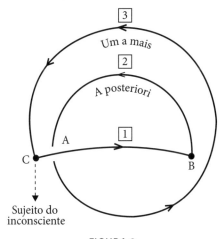

FIGURA 2

Surgimento do sujeito do inconsciente no ponto de encerramento, *C*, do laço repetitivo

*

* *

124 — *Por que repetimos os mesmos erros*

Referências dos excertos citados sobre a repetição

S. Freud

1. "L'intérêt de la psychanalyse", trad. Olivier Mannoni. [Ed. bras.: "O interesse científico da psicanálise", in *Edição Standard Brasileira da Obra psicológica completa de Sigmund Freud – ESB*, Rio de Janeiro, Imago, várias edições, vol.XIII.]
2. *Trois essais sur la théorie sexuelle*, trad. Olivier Mannoni. [Ed. bras.: "Três ensaios sobre a teoria da sexualidade", in *ESB*, vol.VII.]
3. "Observations sur l'amour de transfert", trad. J.-D. Nasio. [Ed. bras.: "Observações sobre o amor transferencial", in *ESB*, vol.XI.]
4. *Au-delà du principe du plaisir*, Payot, Col. Petite Bibliothèque Payot, 2010, p.94-5. [Ed. bras.: "Além do princípio de prazer", in *ESB*, vol. XVIII.]
5. Ibid., p.63.
6. Ibid., p.66.
7. "Angoisse et vie pulsionelle", trad. J.-D. Nasio. [Ed. bras.: "Angústia e vida pulsional", in *ESB*, vol.XXII.]
8. "Remémoration, répétition, perlaboration", trad. Olivier Mannoni. [Ed. bras.: "Recordar, repetir e elaborar", in *ESB*, vol.XII.]
9. *Au-delà du principe du plaisir*, op.cit., p.60. [Ed. bras.: "Além do princípio de prazer", op.cit.]
10. "Remémoration, répétition, perlaboration", trad. Olivier Mannoni. [Ed. bras.: "Recordar, repetir e elaborar", op.cit.]
11. Idem.
12. "Le mécanisme psychique de phénomènes hystériques", in *Études sur l'hystérie*, PUF, 1981, p.4. [Ed. bras.: "Sobre o mecanismo psíquico dos fenômenos histéricos", in *ESB*, vol.II.]
13. "Sur la psychogénèse d'un cas d'homosexualité féminine", in *Névrose, psychose et perversion*, PUF, 1999, p.250. [Ed. bras.: "A psicogênese de um caso de homossexualidade numa mulher", *ESB*, vol.XVIII.]
14. *Au-delà du principe du plaisir*, op.cit., p.68-9. [Ed. bras.: "Além do princípio de prazer", op.cit.]
15. Ibid., p.63-4.
16. "Angoisse et vie pulsionelle", in *Nouvelles conférences d'introduction à la psychanalyse*, Gallimard, 1984, p.143. [Ed. bras.: "Angústia e vida pulsional", op.cit.]
17. *Au-delà du principe du plaisir*, op.cit., p.98-9. [Ed. bras.: "Além do princípio de prazer", op.cit.]

Excertos das obras de Freud e Lacan sobre a repetição   125

18. Ibid., p.95-6.
19. *Sigmund Freud présenté par lui-même*, Gallimard, 1984, p.96. [Ed. bras.: "Um estudo autobiográfico", in *ESB*, vol.XX.]
20. "Remémoration, répétition, perlaboration", in *La technique psychanalytique*, PUF, 1977, p.110. [Ed. bras.: "Recordar, repetir e elaborar", op.cit.]
21. *Inhibition, symptôme et angoisse*, PUF, 1965, p.81. [Ed. bras.: "Inibições, sintomas e angústia", in *ESB*, vol.XX.]
22. *Le Petit Hans. Analyse de la phobie d'un petit garçon de cinq ans*, Payot, Col. Petite Bibliothèque Payot, 2011, p.212-3. [Ed. bras.: "O Pequeno Hans. Análise de uma fobia em um menino de cinco anos", in *ESB*, vol.X.]
23. *Inhibition, symptôme et angoisse*, trad. J.-D. Nasio. [Ed. bras.: "Inibições, sintomas e angústia", op.cit.]
24. *Au-delà du principe du plaisir*, op.cit., p.86-7. [Ed. bras.: "Além do princípio de prazer", op.cit.]
25. *Les premiers psychanalystes. Minutes de la Société Psychanalytique de Vienne, III*, 1910-1911, trad. Olivier Mannoni. [Ed. bras.: "Sobre a psicanálise", in *ESB*, vol.XII.]
26. *Introduction à la psychanalyse*, Payot, Col. Petite Bibliothèque Payot, 2001, p.442. [Ed. bras.: "Um breve relato da psicanálise", in *ESB*, vol. XIX.]

J. Lacan

27. "O seminário sobre 'A carta roubada'", in *Escritos*, Rio de Janeiro, Zahar, 1998, p.14.
28. Ibid., p.34.
29. Ibid., p.34-5.
30. Ibid., p.34.
31. *O Seminário*, livro 11, *Os quatro conceitos fundamentais da psicanálise*, Rio de Janeiro, Zahar, 1985, p.48-9.
32. Ibid., p.61-2.
33. Ibid., p.67-8.

J.-D. Nasio

34. *Introdução à topologia de Lacan*, Rio de Janeiro, Zahar, 2011, p.72-4.

Seleção bibliográfica sobre a repetição, seguida de nossos comentários

Freud, S.

"Lettre 51", in *La naissance de la psychanalyse*, PUF, 1979, p.157. [Ed. bras.: "Carta 52", in *Edição Standard Brasileira da Obra psicológica completa de Sigmund Freud – ESB*, Rio de Janeiro, Imago, várias edições, vol.I.] ***Nessa carta a Wilhelm Fliess, de 6 de dezembro de 1896, Freud explica pela primeira vez o que é uma "compulsão".***

"Psychothérapie de l'hystérie", in *Études sur l'hystérie*, PUF, 1990, p.245. [Ed. bras.: "A psicoterapia da histeria", in *ESB*, vol.II.] ***Nesse artigo, Freud descreve a transferência como o ato de atribuir, à pessoa do analista, representações e desejos relativos a outras pessoas do passado, ato operado por uma "compulsão associativa". Ver também a nota acrescentada por Freud em 1924 – trinta anos após a primeira edição! – ao caso de "Frau Emmy Von N...", na qual ele aplica o conceito de "compulsão de repetição" ao trauma característico dos neuróticos.***

Trois essais sur la théorie sexuelle, Gallimard, 1987, p.195. [Ed. bras.: "Três ensaios sobre a teoria da sexualidade", in *ESB*, vol.VII.] ***Abordando a aderência ou fixação ao trauma neurótico, Freud escreve que as impressões sexuais precoces "levam compulsivamente à repetição".***

Le Petit Hans. Analyse de la phobie d'un petit garçon de cinq ans, Payot, Col. Petite Bibliothèque Payot, 2011, p.212-3. [Ed. bras.: "O Pequeno Hans. Análise de uma fobia em um menino de cinco anos", *ESB*, vol.X.]

Introduction à la psychanalyse, Payot, Col. Petite Bibliothèque Payot, 2001, cap.XVIII, p.329; e cap.XXIII, p.436-7, 441-2. [Ed. bras.: *Conferências introdutórias à psicanálise*, in *ESB*, vol.XVI, caps.18 e 23.] ***Nesses dois capítulos, Freud insiste na repetição de uma experiência infantil traumática na qual o neurótico adulto permaneceu fixado. A noção de "fixação" nos traumas se tornará, mais tarde, "repetição" do trauma.***

"Remémoration, répétition, perlaboration", in *La technique psychanalytique*, PUF, 1972, p.108-10, 113. [Ed. bras.: "Recordar, repetir e elaborar", in *ESB*, vol.XII.]

Nesse escrito, a tese de Freud pode ser resumida em duas fórmulas: repetir em ato para não recordar; repetir em ato é uma forma de recordação. A compulsão de repetição está a serviço de dois senhores opostos: o eu, que resiste, e o analista, que, ao contrário, quer que o tratamento avance. Quando a compulsão está a serviço do eu, dizemos que quanto maior a resistência a recordar mais a rememoração será substituída pelo agir. E quando a compulsão está a serviço do tratamento, dizemos que a transferência é obra da repetição.

L'inquiétant familier, Payot, Col. Petite Bibliothèque Payot, 2011, p.63. [Ed. bras.: "A inquietante estranheza", in *ESB*, vol.XVII.]

A sensação de inquietante estranheza se dá ao descobrirmos que um de nossos comportamentos foi provocado por uma compulsão de repetição.

Au-delà du principe du plaisir, Payot, Col. Petite Bibliothèque Payot, 2010, p.60-70, 87-99. [Ed. bras.: "Além do princípio de prazer", in *ESB*, vol. XVIII.]

Aqui, duas teses essenciais: a compulsão de repetição não é apenas um mecanismo para explicar um fato patológico, é também o modo normal de toda pulsão exercer sua força; a compulsão de repetição provém do inconsciente e se opõe ao recalcamento, tarefa do eu.

"Psychanalyse" e "Théorie de la libido", in *Résultats, idées, problèmes*, II, PUF, 1987, p.77. [Ed. bras.: "Dois artigos de enciclopédia: 'Psicanálise' e 'Teoria da libido'", in *ESB*, vol.XVIII.]

"Remarques sur la théorie et la pratique de l'interpretation du rêve", in *Résultats, idées, problèmes*, II, op.cit., p.87-8. [Ed. bras.: "Comentários sobre a teoria e a prática da interpretação de sonhos", in *ESB*, vol.XIX.]

Freud lembra que as experiências desagradáveis da infância tendem a se repetir incansavelmente e a reaparecer a despeito do recalcamento.

Sigmund Freud présenté par lui-même, Gallimard, 1984, p.96. [Ed. bras.: "Um estudo autobiográfico", in *ESB*, vol.XX.]

La question de l'analyse profane, Gallimard, 1985, p.98. [Ed. bras.: "A questão da análise leiga", in *ESB*, vol.XX.]

Inhibition, symptôme et angoisse, PUF, 1990, p.81, 88. [Ed. bras.: "Inibições, sintomas e angústia", in *ESB*, vol.XX.]

A antiga noção de "viscosidade da libido", que justificava o princípio da "inércia psíquica" e, mais que isso, a "fixação" do sujeito a uma

Seleção bibliográfica sobre a repetição

situação traumática, são aqui subordinadas à repetição compulsiva enquanto resistência do Isso (em oposição ao recalcamento do Eu).
"Angoisse et vie pulsionnelle", in *Nouvelles conférences d'introduction à la psychanalyse*, Gallimard, 1984, p.143. [Ed. bras.: "Angústia e vida pulsional", in *Novas conferências introdutórias à psicanálise*, ESB, vol. XXII.]
Freud amplia o domínio da compulsão de repetição à vida vegetativa em geral. "As pulsões regem não só a vida psíquica, mas também a vegetativa."
"L'analyse avec fin et l'analyse sans fin", in *Résultats, idées, problèmes*, II, op.cit., p.253. [Ed. bras.: "Análise terminável e interminável", in *ESB*, vol.XXIII.]
Moïse et le monothéisme, Gallimard, 1986, p.169. [Ed. bras.: *Moisés e o monoteísmo*, in *ESB*, vol.XXIII.]
Freud declara explicitamente que as "fixações" no trauma devem ser consideradas "compulsões de repetição".
Abrégé de psychanalyse, PUF, 1985, p.57-8. [Ed. bras.: "Esboço de psicanálise", in *ESB*, vol.XXIII.]

⋆

Lacan, J.

"O seminário sobre 'A carta roubada'", in *Escritos*, Rio de Janeiro, Zahar, 1998, p.14-5, 20, 36-8, 51-3.
"De nossos antecedentes", in *Escritos*, op.cit., p.75-6.
"Função e campo da fala e da linguagem", in *Escritos*, op.cit., p.319, 322-3.
"A instância da letra no inconsciente", in *Escritos*, op.cit., p.507-11.
"De uma questão preliminar a todo tratamento possível da psicose", in *Escritos*, op.cit., p.569-71.
"Observação sobre o relatório de Daniel Lagache", in *Escritos*, op.cit., p.669-70.
O Seminário, livro 2, *O eu na teoria de Freud e na técnica da psicanálise*, Rio de Janeiro, Zahar, 1985, p.82-109.
L'Identification (seminário inédito), lições de 6, 13 e 20 dez 1961; e de 16 e 30 mai 1962.
O Seminário, livro 11, *Os quatro conceitos fundamentais da psicanálise*, Rio de Janeiro, Zahar, 1985, p.45-7, 52-3, 54-5, 57, 58-61, 63-5, 68, 72-4, 128-9, 141-2.

La logique du fantasme (seminário inédito), lições de 16 e 23 nov 1966; de 1º, 15 e 22 fev; de 1º e 8 mar; e de 10 mai 1967.

O Seminário, livro 17, *O avesso da psicanálise*, Rio de Janeiro, Zahar, 1992, p.47-8 e 130-1.

*

Bibring, E. "Génèse de la compulsion de répétition", *Revue Française de Psychanalyse*, t.XXXVI, 1972, p.1.045-68.

Contanceau, R., J. Smith e S. Lemitre. *Trauma et résilience*. Paris, Dunod, 2012.

Deleuze, G. *Différence et répétition*. Paris, PUF, 1968, p.26-30 e 128-53. [Ed. bras.: *Diferença e repetição*. São Paulo, Graal, 2000.]

Jones, E. *La vie et l'Œuvre de Sigmund Freud*, vol.III. Paris, PUF, 1990, p.307-11. [Ed. bras.: *A vida e a obra de Sigmund Freud*, vol.3. Rio de Janeiro, Imago, 1983.]

Kierkegaard, S. "La répétition", in *Oeuvres complètes*. Paris, Ed. de l'Orante, 1987, t.V, p.3-96.

Kubie, L. "A Critical Analysis of the Concept of a Repetition Compulsion", *International Journal of Psycho-Analysis*, vol.XX, 1939, p.390-402.

Nasio, J.-D. "Le paradoxe du traumatisme", in *L'inconscient à venir*. Paris, Payot, 1993, p.179-81.

_____. *Introdução à topologia de Lacan*. Rio de Janeiro, Zahar, 2011.

_____. *Cinco lições sobre a teoria de Jacques Lacan*. Rio de Janeiro, Zahar, 1993.

"Répétition et instinct de mort", *Revue Française de Psychanalyse*, t.XXXIV, 1970.

Coleção Transmissão da Psicanálise

Não Há Relação Sexual
Alain Badiou

Fundamentos da Psicanálise
de Freud a Lacan
(4 volumes)
Marco Antonio Coutinho Jorge

Histeria e Sexualidade

Transexualidade
Marco Antonio Coutinho Jorge;
Natália Pereira Travassos

Por Amor a Freud
Hilda Doolittle

A Criança do Espelho
Françoise Dolto e J.-D. Nasio

O Pai e Sua Função em Psicanálise
Joël Dor

Introdução Clínica à
Psicanálise Lacaniana
Bruce Fink

A Psicanálise de Crianças
e o Lugar dos Pais
Alba Flesler

Freud e a Judeidade
Betty Fuks

A Psicanálise e o Religioso
Phillipe Julien

Gozo

O Que É Loucura?

Simplesmente Bipolar
Darian Leader

5 Lições sobre a
Teoria de Jacques Lacan

9 Lições sobre Arte e Psicanálise

Como Agir com um
Adolescente Difícil?

Como Trabalha um Psicanalista?

A Depressão É a Perda de uma Ilusão

A Dor de Amar

A Dor Física

A Fantasia

Os Grandes Casos de Psicose

A Histeria

Introdução à Topologia de Lacan

Introdução às Obras de Freud,
Ferenczi, Groddeck, Klein,
Winnicott, Dolto, Lacan

Lições sobre os 7 Conceitos
Cruciais da Psicanálise

O Livro da Dor e do Amor

O Olhar em Psicanálise

Os Olhos de Laura

Por Que Repetimos os Mesmos Erros?

O Prazer de Ler Freud

Psicossomática

O Silêncio na Psicanálise

Sim, a Psicanálise Cura!
J.-D. Nasio

Guimarães Rosa e a Psicanálise
Tania Rivera

A Análise e o Arquivo

Dicionário Amoroso da Psicanálise

Em Defesa da Psicanálise

O Eu Soberano

Freud – Mas Por Que Tanto Ódio?

Lacan, a Despeito de Tudo e de Todos

O Paciente, o Terapeuta e o Estado

A Parte Obscura de Nós Mesmos

Retorno à Questão Judaica

Sigmund Freud na sua Época
e em Nosso Tempo
Elisabeth Roudinesco

O Inconsciente a Céu Aberto da Psicose
Colette Soler

1ª EDIÇÃO [2013]

2ª EDIÇÃO [2014] 10 reimpressões

ESTA OBRA FOI COMPOSTA POR LETRA E IMAGEM EM MINION PRO E META PRO
E IMPRESSA EM OFSETE PELA GRÁFICA PAYM SOBRE PAPEL ALTA ALVURA
DA SUZANO S.A. PARA A EDITORA SCHWARCZ EM AGOSTO DE 2023

A marca FSC® é a garantia de que a madeira utilizada na fabricação do papel deste livro provém de florestas que foram gerenciadas de maneira ambientalmente correta, socialmente justa e economicamente viável, além de outras fontes de origem controlada.